ZUR

PERSONALEXEKUTION

IM RECHT DER PAPYRI

HABILITATIONSSCHRIFT

VERFASST UND DER

HOHEN

RECHTS- UND STAATSWISSENSCHAFTLICHFN FAKULTÄT

DER

KGL. BAYER. JULIUS-MAXIMILIANS-UNIVERSITÄT WÜRZBURG

ZUR

ERLANGUNG DER VENIA LEGENDI

VORGELEGT

VON

DR. IUR. HANS LEWALD

AUS LEIPZIG.

LEIPZIG

VEIT & COMP.

1910

ZUR
PERSONALEXEKUTION
IM RECHT DER PAPYRI

HABILITATIONSSCHRIFT

VERFASST UND DER

HOHEN

RECHTS- UND STAATSWISSENSCHAFTLICHFN FAKULTÄT

DER

KGL. BAYER. JULIUS-MAXIMILIANS-UNIVERSITÄT WÜRZBURG

ZUR

ERLANGUNG DER VENIA LEGENDI

VORGELEGT

VON

DR. IUR. HANS LEWALD

AUS LEIPZIG.

LEIPZIG

VEIT & COMP.

1910

Druck von Metzger & Wittig in Leipzig.

Inhalt

In seinen „Studien über das Verhältnis des griechischen zum ägyptischen Recht im Lagidenreich"[1] hat WESSELY die Frage aufgeworfen, ob sich die ägyptischen obaerarii, die VARRO in de re rustica I 17, 2 erwähnt, in den griechischen Papyri nachweisen lassen. Er hat diese Frage bejaht und zwar dahin, daß die Personalexekution im Recht der Papyri zur Schuldknechtschaft führe und daß VARRO diese Schuldknechte als obaerarii bezeichne.[2]

Ich glaube, daß das uns heute vorliegende Material, namentlich die in den letzten Monaten publizierten Urkunden der Berliner Sammlung uns tiefer in das Problem eindringen lassen, als es WESSELY seinerzeit möglich war, und ich halte deshalb eine nochmalige Untersuchung nicht für überflüssig, zumal da der Frage doch wohl eine größere Bedeutung zukommt, als es auf den ersten Blick scheinen könnte. Und zwar ist dies m. E. begründet in dem Verhältnis der Varrostelle zur Lehre vom nexum. Nicht etwa, daß sie für die Erkenntnis der Schuldknechtschaft der nexi unmittelbar von erheblicher Bedeutung wäre; so wird sie ja auch für diese nur selten verwertet und auch nur, soweit ich sehe, als Beleg für die Zulässigkeit des Arbeitszwangs.[3] Wenn wir aber, wie dies bereits mehrere

---

[1] In den Sitzungsberichten der Kaiserl. Akademie der Wissenschaften in Wien Bd. CXXIV (1891); im folgenden nach dem Sonderabdruck zitiert.

[2] cf. auch P. M. MEYER, Klio Bd. I S. 425 Anm. 3.

[3] BACHOFEN, Das Nexum S. 88 Anm. 116; SERAFINI, Istituzioni di diritto romano 4. Aufl. Bd. II S. 78 Anm. 8; MITTEIS, Zeitschrift d. Savigny-Stiftung f. Rechtsgeschichte, Rom. Abt. (Sav. Z.) Bd. 22 S. 121 Anm. 1.

Schriftsteller getan haben, aus dieser Stelle den Schluß ziehen dürfen, daß zu VARROS Zeit in Ägypten eine Form der Schuldknechtschaft bestanden hat, die von ihm mit der der nexi in Parallele gestellt wird, so muß die Bestimmung dieses uns von VARRO bezeugten ägyptischen Instituts auch für die Lehre vom nexum von Interesse sein, da wir ja gerade VARRO die Definition des nexus verdanken, die die sicherste Erkenntnisquelle für die nexum-Schuldknechtschaft darstellt.

Von vornherein sei betont, daß es meiner Meinung nach heute noch nicht möglich ist, der Frage eine sichere Antwort zu finden, und daß die Lösung, die im folgenden versucht wird, deshalb nur eine hypothetische sein kann.

§ 1. Die obaerarii bei VARRO, de re rustica I, 17, 2.

VARRO de r. r. I 17, 2 schreibt:[1]

Omnes agri coluntur hominibus servis aut liberis aut utrisque: liberis, aut cum ipsi colunt, ut plerique pauperculi cum sua progenie, aut mercennariis, cum conducticiis liberorum operis res maiores ut vindemias ac faenisicia administrant, iique quos obaerarios nostri vocitarunt et etiam nunc sunt in Asia atque Aegypto et in Illyrico complures.

Wenn hier von dieser Stelle ausgegangen wird, so bedarf dies der Rechtfertigung, da WILCKEN in seinen Ostraka[2] eine Auffassung der Stelle vertritt, die notwendig dazu führt, sie aus dem für die Personalexekution in Betracht kommenden Quellenkreis auszuscheiden.

WILCKEN nimmt wohl, wie aus seiner Lesung idque statt des überlieferten iique hervorzugehen scheint, an, daß VARRO zwei Gruppen freier Arbeiter unterscheidet: die pauperculi, qui ipsi colunt, die kleinen Grundbesitzer, und die mercennarii. Der mit idque beginnende Nachsatz würde hiernach lediglich besagen, daß diese mercennarii auch obaerarii oder operarii[3] genannt werden.

---

[1] Nach der Ausgabe von KEIL (1884).

[2] Bd. I S. 698f.

[3] cf. WILCKEN l. c.

Dieser Ansicht, die auch Savigny[1] vertreten hat, ist m. E. mit Recht entgegengehalten worden,[2] daß sie unerklärt läßt, weshalb Varro die Existenz dieser obaerarii in bestimmten Provinzen besonders hervorhebt; mercennarii wird es zu seiner Zeit überall gegeben haben. Schon aus diesem Grunde werden die obaerarii von den mercennarii zu trennen sein, ganz abgesehen davon, daß hierfür wohl auch das überlieferte iique[3] spricht. Daher möchte ich den Schriftstellern folgen, die Varro drei Kategorien freier Landarbeiter unterscheiden lassen.[4]

Wie ist dann diese dritte Kategorie der obaerarii[5] zu erklären?

Die Worte, vocitarunt und die, wie insbesondere Heisterbergk[6] betont hat, offenbar den Gegensatz dazu bildenden Worte et etiam nunc sunt lassen zunächst erkennen, daß Varro von einer Personenklasse spricht, die es in älteren Zeiten auch in Rom gegeben hat, die aber zu seiner Zeit lediglich noch in außeritalienischen Ländern, in Asien, Illyrien und in Ägypten zu finden ist.[7] Dieser Umstand ist bei der Erklärung der obaerarii in erster Linie zu berücksichtigen. Heisterbergk[8]

---

[1] Zeitschrift für geschichtliche Rechtswissenschaft Bd. VI S. 311f. So auch E. Mayer, Italienische Verfassungsgeschichte Bd. I S. 208 Anm. 4.

[2] Huschke, Über den Census und die Steuerverfassung der früheren römischen Kaiserzeit S. 166 Anm. 360 unter 1.

[3] Savigny hält zwar an dem iique quos fest, erklärt dies aber als iique sunt quos. Keil, Commentarius in Varronis rer. rusticarum libros tres S. 57 setzt das iique quos einem et ut ii sunt quos gleich.

[4] So z. B. Bekker, Zeitschrift für Rechtsgeschichte Bd. III S. 418, 419; Jhering, Geist des röm. Rechts[5] II 1 S. 155 Anm. 200; Keil l. c; Wessely l. c. S. 9.

[5] Nach Forcellini v. obaerarius haben einige Handschriften statt obaerarios „obaeratos“.

[6] Die Entstehung des Colonats S. 24. Zustimmend Segrè, Archivio giuridico Bd. XLII S. 485 Anm. 2.

[7] Ist Varros Aufzählung erschöpfend? cf. unten S. 10 Anm. 3.

[8] Die Entstehung des Colonats S. 24.

und SEECK[1] haben mit Recht darauf hingewiesen, daß HUSCHKE[2] und FUSTEL DE COULANGES,[3] nach deren Auffassung die obaerarii als Vorläufer der späteren coloni zu betrachten sind, dies unterlassen, und daß daher die von diesen Autoren gegebenen Erklärungen abgelehnt werden müssen.

Kann das Dienstverhältnis, in dem sich die obaerarii nach VARRO befinden, nicht auf locatio conductio operarum beruhen — anderenfalls wären ja die obaerarii mit den mercennarii identisch — und können wir auch nicht mit den oben genannten Schriftstellern an ein kolonatartiges Verhältnis denken, so ist es m. E. das Nächstliegende, die obaerarii, wie es meist geschieht, als Schuldknechte aufzufassen, die von den Gläubigern als Feldarbeiter verwendet werden. Auch der Terminus obaerarius, der mit ob aes obligatus erklärt wird,[4] deutet vielleicht in diese Richtung. Die zu VARROs Zeit in Rom übliche Personalexekution kann freilich hier nicht in Betracht kommen,[5] denn VARRO spricht von einem zu seiner Zeit in Rom nicht mehr zulässigen Institut.[6] Führt dies nicht mit sehr großer Wahrscheinlichkeit zu dem Schluß, daß die Schuldknechte, die die dritte Gruppe freier Arbeiter bilden, denen des vorpoetelischen

[1] Geschichte des Untergangs der antiken Welt Bd. I S. 528.

[2] l. c. S. 116 Anm. 360 unter 2.

[3] Recherches sur quelques problèmes d'histoire S. 18ff., dem RUGGIERO, Dizionario epigrafico di antichità romane Bd. II S. 460 beitritt. Gegen ihn auch BOLKESTEIN, De colonatu romano eiusque origine S. 122; GUMMERUS, Römischer Gutsbetrieb, 5. Beiheft zur Klio S. 62f. und neuestens FRIEDRICH SCHMITT, Zur Arbeiterfrage in der römischen Landwirtschaft (1910) S. 68 f. An Colonen denkt ferner BURCHARDI, Lehrbuch des römischen Rechts Bd. II (1854) S. 305 Anm. 2.

[4] Corp. gloss. lat. ed. GOETZ Bd. V 630, 15.

[5] Darüber, daß auch für diese vielfach Arbeitszwang angenommen wird, unten S. 25.

[6] Dies übersieht VOIGT, Über die Geschichte des römischen Exekutionsrechtes in den Berichten über die Verhandlungen der Kgl. sächsischen Gesellschaft der Wissenschaften, phil.-hist. Klasse, Bd. XXXIV S. 92

Rechts, den von VARRO in de l. l. VII 105[1] genannten obaerati gleichzustellen sind? Zumal wenn man statt obaerarios obaeratos liest, dürfte die Heranziehung der eben zitierten Stelle zur Erklärung der in de r. r. I 17, 2 genannten dritten Gruppe freier Feldarbeiter keinem Bedenken unterliegen.

Beachten wir weiter, daß VARRO in de l. l. VII 105 die nexi als obaerati bezeichnet,[2] so folgt: analog der durch die lex Poetelia in Rom beseitigten Schuldknechtschaft der nexi besteht zu VARROs Zeit eine Institution in Asien, Illyrien und — für uns von besonderer Bedeutung — in Ägypten.[3]

---

und 120 Anm. 1. Ebenso KLEINEIDAM, Beiträge zur Kenntnis der lex Poetelia, S. A. aus der Breslauer Festgabe für FELIX DAHN S. 29; HUMBERT in DAREMBERG-SAGLIO, Dictionnaire des antiquités grecques et romaines Bd. III S. 1589.

[1] Liber . . . nexus vocatur, ut ab aere obaeratus. cf. unten S. 12.

[2] Daß VARRO die Termini nexus und obaeratus gleichbedeutend gebraucht, wird, soweit ich sehe, in der Literatur mit Recht regelmäßig angenommen, doch fehlt es auch hier nicht an Widerspruch. cf. BACHOFEN, Nexum S. 35 Anm. 39.

Die Behauptung SCHLOSSMANNs, Altrömisches Schuldrecht und Schuldverfahren S. 33f. in der Wendung ut ab aere obaeratus beziehe sich das aes nicht auf aes alienum, sondern auf das aes bei der Mancipation, die den Schuldner zum nexus mache, hat LENEL, Sav. Z. Bd. 25 S. 403 sehr mit Recht als willkürlich bezeichnet. Gegen SCHLOSSMANN auch KLEINEIDAM, Die Personalexekution der Zwölftafeln S. 102f.; THÉLOHAN, des nexi S. A. aus den Traveaux juridiques et économiques de l'université de Rennes S. 19, 20; PAPPULIAS, *Ἡ ἐμπράγματος ἀσφάλεια κατὰ τὸ ἑλληνικὸν καὶ τὸ ῥωμαικὸν δίκαιον* S. 223 zu Anm. 16. Teilweise zustimmend nur KRETZSCHMAR, Sav. Z. Bd. 29 S. 261 Anm. 2.

[3] So auch DUREAU DE LA MALLE, L'économie politique des Romains Bd. I S. 243 Anm. 1; SCHLOSSMANN l. c. S. 35 Anm. 3; GUMMERUS l. c. S. 63 (m. E. teilweise irrig).

Damit, daß VARRO an Schuldknechtschaft analog der der nexi denkt, erklärt sich vielleicht auch, daß er die obaerati in Gallien nicht erwähnt, die uns durch Caesar, de bello Gallico I 5 in Verbindung mit VI 13 bezeugt sind. Nach VI 13 scheint es sich hier um Selbstverkauf in die Sklaverei zu handeln. cf. MITTEIS, Reichsrecht S. 359; VIOLLET, Histoire de droit civil français[3] S. 7.

Lassen sich diese obaerarii in den Papyri nachweisen? Wirft man die Frage auf, ob ein Rechtsinstitut des römischen Rechts dem Recht der Papyri bekannt ist, so scheint sie so lange müßig zu sein, als nicht das römische Institut in seinen wesentlichen Zügen klargestellt ist. So könnte ein Versuch, unsere Frage zu beantworten, von vornherein als aussichtslos erscheinen. Denn eine der vielen hypothetischen Lösungen des nexum-Problems der Untersuchung zugrunde zu legen, wäre natürlich ohne jeden Wert.

Im vorliegenden Fall ist jedoch folgendes zu beachten.

Wenn VARRO von peregrinischen obaerati spricht, so ist damit nicht gesagt, daß diese nach seiner Ansicht den römischen nexi nun in jeder Beziehung gleichzustellen wären. In dem Zusammenhang, in dem er die obaerarii nennt, braucht es ihm auf präzise juristische Charakterisierung der peregrinischen Schuldknechtschaft nicht anzukommen. Es ist möglich, ja wahrscheinlich, daß er z. B. über die Frage, ob diese solutorisch oder exekutorisch ist, ob sie also auf Vertrag beruht oder die gesetzliche Personalexekution darstellt, nichts aussagen will. Wir dürfen daher m. E. als tertium comparationis lediglich den Umstand unterstellen, daß obaerarii wie nexi sich in der Gewalt ihrer Gläubiger befinden und von diesen zu operae angehalten werden können; dies allerdings in einer Form, wie sie für die Schuldknechtschaft der nexi charakteristisch, dem römischen Exekutionsrecht gegen Ausgang der Republik unbekannt war. Daß darüber hinaus ein Parallelismus zwischen beiden bestünde, darf also nicht ohne weiteres aus VARRO gefolgert werden.

Aus diesem Grunde, glaube ich, ist es möglich, die oben gestellte Frage zu verfolgen, ohne daß es erforderlich wäre, auf den nexum-Streit im einzelnen einzugehen. Nur dies muß bemerkt werden: Die befriedigendste Erklärung des nexum inire, se nexum dare der Historiker[1] ist m. E. die, die MITTEIS in seiner Abhandlung über das Nexum[2] gegenüber der HUSCHKEschen Lehre vertritt, daß hierunter die Eingehung eines die gesetzlichen Exekutionsfolgen ausschließenden Vertrags zu verstehen ist, der die Schuldknechtschaft zur Folge hat.[3] Nicht nur, daß bei dieser Auffassung ohne weiteres erklärt ist, warum uns nirgends von dem Eintritt der durch die Zwölftafeln geregelten Exekution berichtet wird, was bei der Tendenz der Historiker, ein möglichst tristes Bild von der Lage der nexi zu entwerfen, auffallen muß.[4] Weit wichtiger ist, daß nur diese Auffassung ungezwungen im Einklang steht mit der VARROnischen Definition des nexus:

Liber qui suas operas in servitutem pro pecunia quam debet dat[5] dum solveret nexus vocatur, ut ab aere obaeratus.

Nexum inire, se nexum dare und das operas in servitutem dare bezeichnen dann denselben Vorgang: den Abschluß des Verknechtungsvertrags. Die beim heutigen Quellenstand kaum sicher zu beantwortende Frage, wie dieser Vertrag des näheren zu denken ist, kann hier dahingestellt bleiben.

Was die Ausgestaltung der Schuldknechtschaft anlangt, so ist es insbesondere ein Punkt, der bestritten ist. Findet eine Amortisation der Schuld durch den Arbeitsertrag statt oder besagen die Worte dum solveret, daß der Schuldner bis zur

---

[1] LIVIUS VII 19, 5; VIII 28, 2; Val. Max VI 1, 9.

[2] Sav. Z. Bd. 22 S. 96—125, insbes. S. 110.

[3] So auch aus der neuesten Literatur: THÉLOHAN, l. c. S. 9, 10; PFLÜGER, Nexum und Mancipium S. 87 ff.; KRETZSCHMAR, Sav. Z. Bd. 29 S. 262, 272; PEROZZI, Istituzioni Bd. II S. 159; PAPPULIAS l. c. S. 228 unter III; WEBER, Handwörterbuch der Staatswissenschaften (3. Aufl. 1909) Bd. I S. 155; GEIB, Rechtsschutzbegehren und Anspruchsbetätigung S. 38 Anm. 1.

[4] cf. u. a. KLEINEIDAM, Personalexekution S. 57.

[5] de l. l. VII 105. Über die Lesung cf. MITTEIS, Sav. Z. 22 S. 118. KLEINEIDAM l. c. S. 100 ff.

Bewirkung der Zahlung in der Schuldknechtschaft bleibt, so daß lediglich dem Gläubiger der Ertrag der operae zugute kommt?[1] Beide Auffassungen sind in der Literatur vertreten und beide werden mit dem Wortlaut der Varronischen Definition verträglich sein, insbesondere auch die letztere, da das pro pecunia kaum in dem prägnanten Sinne verstanden werden muß, daß die operae an die Stelle der Zahlung treten. Später werden wir auf diese Frage zurückkommen. Bei der Erörterung der Papyri, zu der wir nunmehr übergehen können, werden beide an sich möglichen Ausgestaltungen der Schuldknechtschaft zu berücksichtigen sein.

§ 2. BGU. IV 1126.

Die Frage, die wir uns zunächst vorzulegen haben, ist die: Bieten die Papyri Beispiele für Verträge, in denen Dienstleistungen versprochen werden, die an die Stelle der Zahlung einer Geldsumme treten sollen?

Soweit ich sehe, sind hier fünf Urkunden anzuführen, chronologisch geordnet die folgenden: BGU. IV 1126 (9a.); Teb. II 384 (10p.); PER. 138 (145p.);[2] Fior. 44 (158p.); PER. 6014 (604p.).[3]

Gruppieren wir diese Urkunden nach dem für uns wichtigsten Gesichtspunkt, ob die versprochenen Dienste vom

---

[1] Brunner, Grundzüge der deutschen Rechtsgeschichte[3] S. 202 vergleicht diese beiden Formen der Schuldknechtschaft treffend mit der Tot- und Zinssatzung. Hierzu auch Schröder, Deutsche Rechtsgeschichte[5] S. 230; Egger, Vermögenshaftung und Hypothek nach fränkischem Recht S. 425, und neuestens Gierke, Schuld und Haftung im älteren deutschen Recht S. 67, 68.

[2] Wessely, Karanis und Soknopaiu Nesos S. 32, 54.

[3] Führer durch die Ausstellung der Papyri Erzherzog Rainer Nr. 433 S. 111.

Schuldner selbst oder von einem Dritten zu leisten sind, so gehören die vier letzten Verträge zusammen; nur in BGU. IV 1126 handelt es sich um persönliche Dienste des debitor. Diese letztere Urkunde ist daher, wie ohne weiteres ersichtlich ist, für uns die wichtigste; die übrigen vier Papyri sollen nur der Vollständigkeit wegen in Kürze erörtert werden.

Auch zwischen diesen muß wieder unterschieden werden: Teb. II 384; PER. 138; Fior. 44[1] repräsentieren den gleichen Vertragstypus und weisen gegenüber PER. 6014 wesentliche Verschiedenheiten auf, die sich aus dem folgenden ergeben werden.

Wir haben demnach im ganzen drei Fälle auseinanderzuhalten.

I. PER. 6014. Der Inhalt dieser bisher noch nicht publizierten Urkunde wird im Führer durch die Ausstellung der Papyri Erzherzog Rainer unter Nr. 433 folgendermaßen skizziert:

„Die Witwe Aurelia Chara vermietet an Herrn Georgios, Sohn des Johannes, ihren Sohn als Stalldiener gegen den jährlichen Lohn von 1 solidus, 7 Artaben Weizen und 6 Sextanten Öl. Jenen Betrag von 1 solidus hatte sie schon früher als Darlehen erhalten; wir sehen also, die Witwe muß ihren Sohn das Geld abverdienen lassen. Dabei ist auf das Verlassen des Dienstes vor dem vollen Ablauf des Jahres ein Poenale gesetzt."

Drei Punkte müssen als für diesen Kontrakt charakteristisch hervorgehoben werden:

a) Die Dienstleistungen treten an die Stelle der Kapitalrückzahlung;

b) die Vereinbarung der Dienstleistungen erfolgt erst nach Abschluß des Darlehensvertrags;

c) die operae sind nicht von der Schuldnerin, sondern von deren Sohn zu leisten.

---

[1] Zu Fior. 44: Costa, I Papiri Fiorentini, in den Atti del Reale Istituto Veneto di scienze, lettere ed arti, Bd. 66 S.A. S. 20.

Da wir bezüglich dieser Urkunde lediglich auf die angeführte Inhaltsangabe angewiesen sind, läßt sich Näheres über sie nicht sagen. Soviel sehen wir jedoch, daß dieser Kontrakt den Bestimmungen der Nov. 134 c. 7 zuwiderläuft.

II. Teb. II 384; PER. 138;[1] Fior. 44 sind Darlehenskontrakte, die folgende Momente gemeinsam haben:

a) Statt der Zinsen sind Dienste zu leisten und zwar in Teb. II 384[2] und PER. 138[3] für eine von vornherein bestimmte Zeit, nach deren Ablauf das Darlehen zurückzuerstatten ist. Aus Fior. 44 ist über die Dauer der zu leistenden Dienste infolge der schlechten Erhaltung des Papyrus nichts zu ersehen, doch wird auch diese Urkunde eine hierauf bezügliche Bestimmung enthalten haben.

b) Der zur Leistung der operae Verpflichtete ist nicht der Schuldner; in Teb. II 384 ist es der Bruder der Darlehensnehmer, in PER. 138 eine Sklavin der Schuldnerin, in Fior. 44 der Sohn der Schuldner.

c) Es wird vereinbart, daß der Dienende in den Hausstand des Gläubigers eintritt; er ist zum *παραμένειν*[4] beim Gläubiger verpflichtet, *οὐ γεινόμενος ἀπόκοιτος οὐδ' ἀφήμερος ἀπὸ τῆς*

---

[1] Wessely l. c. S. 11, 50 liest: *ἐξ ἐρρομένου γραφείου κώμης Νειλουπόλεως.* Sollte nicht *ἐξ εἰρομένου* zu lesen sein? Dies wäre ein weiterer Beleg für die *εἰρόμενα* der *γραφεῖα*, die uns durch Pap. Grenf. II 41 Z. 19; Ausonia II Nr. 3 Z. 9 und Münch. 32 bezeugt sind; cf. Wilcken, Archiv f. Pap. F. Bd. V S. 281.

[2] l. 3, 22.

[3] Wessely l. c. p. 32 u. 82.

[4] Zu *παραμένειν* cf. Vitelli, Anm. zu Fior. 44 Z. 19. Ferner ist zu vergleichen die *παραμονή* in den griechischen Freilassungsurkunden. cf. Mitteis, Reichsrecht S. 387 ff.; Partsch, Sav. Z. Bd. 28 S. 428 ff.

Nebenbei sei darauf hingewiesen, daß in einigen koptischen Dienstverträgen (ediert von Krall, Corpus papyrorum Raineri, Koptische Texte Nr. 152, 153) der Dienende als *παραμονάριος* bezeichnet wird. Krall verweist hierzu auf Pap. Louvre 7400 (Revillout, Revue égyptologique

τοῦ Πασώνιος (des Gläubigers) *οἰκίας*, wie es in Teb. II 384 Z. 6 heißt. Ähnlich Fior. 44 Z. 19; 21.[1] Bezüglich des Rainerpapyrus lassen die Angaben bei Wessely l. c. S. 54 die gleiche Klausel vermuten.[2]

d) Nach allen drei Urkunden ist der Gläubiger zur Alimentation des Dienenden verpflichtet.

Auf Grund der unter a bis c angeführten Momente läßt sich noch ein weiterer hierhergehöriger Fall in den Berliner Urkunden nachweisen. Die *συγχώρησις* Inv. Nr. 53 V.[3] aus dem 20. Jahr des Augustus enthält die Quittung über die Rückzahlung zweier Darlehen. Über diese — das eine betrug 160 Drachmen, das andere 100 Drachmen — waren *συγχωρήσεις* errichtet worden, die in der uns erhaltenen Urkunde für kraftlos erklärt werden:

Bd. III p. 181 f.), wo in Z. 6 statt *παραμονάρ[χης]* *παραμονάρ[ιος]* zu lesen sein wird. cf. auch Preisigke, Pap. Str. Bd. I S. 138.

Die Übersetzung bei Revillout ist kaum zutreffend. In Z. 11, 12: *ἔντε ... λι ... και ... ἀγρούς* wird die Wendung „sei es in der Stadt, sei es auf dem Lande" der beiden koptischen Verträge enthalten sein. Zu *παραμένειν* bzw. *παραμονή* in byzantinischen Dienstverträgen cf. Oxy. I 140 Z. 25; Grenf. II 87 Z. 17; Str. I 40 Z. 30.

[1] Archiv f. Pap. F. Bd. IV S. 432; Pap. Teb. II S. 237 Anm. zu Nr. 384 Z. 6.

[2] cf. aber die Angabe auf S. 32: Die Sklavin soll zwei Jahre arbeiten, „wo immer und bei welchem Weber auch immer es Soeris will". Soeris ist die Schuldnerin.

Wie dies mit dem auf S. 54 angegebenen Vertragsinhalt in Einklang zu bringen ist, weiß ich nicht.

[3] Die Urkunde ist nunmehr ediert im 9. Heft von BGU. IV unter Nr. 1154. Ein weiteres Beispiel einer *παραμονή* bietet jetzt Nr. 1153 Z. 13—23.

Herrn Dr. W. Schubart in Berlin, der mir die Verwertung seiner Transskription der obigen Urkunde freundlichst gestattet hat, bin ich zu herzlichstem Danke verpflichtet.

Z. 17ff. εἶναι ἀκύρο[υ]ς
ἀμφοτέρας τὰς συνχωρήσεις καὶ
τὰς [γ]ενηθεί[σ]ας κατ' αὐτὰς δια-
γραφὰς διὰ τῆς Ζωίλου τραπέζης
σὺν τῇ διὰ τῆ[ς] τῶν ἑκατὸν δρα-
χμῶν συνχωρήσεως σημανθεί-
σηι παραμονῇ τοῦ Διδύμου
καὶ Θεοδότης[1] υἱοῦ Διδύμου κτλ.

Wir sehen also: in der über das Darlehen von 100 Drachmen ausgestellten συγχώρησις ist eine παραμονή des Sohns der Darlehensschuldner vereinbart worden. Daß unter dieser παραμονή ein Dienstverhältnis, analog dem in den obigen Urkunden, zu verstehen ist, folgt wohl nahezu mit Gewißheit daraus, daß bei dem ersten Darlehen der Gläubiger nicht nur über den Empfang der Darlehensvaluta, sondern auch der Zinsen quittiert, während bezüglich des zweiten, mit dem die παραμονή verbunden ist, nur von der Rückzahlung des Kapitals gesprochen wird. Die παραμονή des Sohns war also ἀντὶ τόκων vereinbart.[2]

Die Art der zu leistenden Dienste ist in den drei obigen Verträgen verschieden normiert: in Fior. 44 soll der Gläubiger den Sohn der Schuldner zur Arbeit ἤτοι κατ' οἰκίαν ἢ καὶ κατ' ἀγρόν verwenden dürfen, während in Teb. II 384 und PER. 138 ein ἐργάζεσθαι κατὰ τὴν γερδιακὴν τέχνην zugesagt wird.

[1] Δίδυμος und die Θεοδότη sind die Darlehensschuldner.

[2] Bemerkenswert scheint mir folgendes: Die Darlehens-συγχώρησις mit παραμονή stammt aus dem 13. Jahr des Augustus, die nach der Darlehensrückzahlung die παραμονή aufhebende συγχώρησις Nr. 53 V. aus dem 20. Jahr des Augustus. War im Darlehensvertrag diese Dauer der π. bestimmt, d. h. war das Darlehen vertragsmäßig erst nach 7 Jahren zurückzuzahlen? Ich halte dies für sehr unwahrscheinlich, möchte vielmehr annehmen, daß die Rückzahlung zu dem vereinbarten Termin nicht erfolgte, und daß deshalb die παραμονή über die im Vertrag fixierte Zeit hinaus fortdauerte, analog der Fortdauer der Antichrese im Falle Lips. 10.

Was die juristische Beurteilung dieser Kontrakte anlangt, so hat schon Wilcken[1] betont, daß sie von den Lehrverträgen,[2] mit denen sie von Grenfell-Hunt[3] zusammengestellt wurden, zu scheiden sind.

Darauf, daß in Teb. II 384 und Fior. 44 nicht wie in diesen von einer Einführung in die Lehre die Rede ist,[4] wird man allerdings wohl heute nach der Publikation von BGU. IV 1124 kein großes Gewicht mehr legen dürfen. In dieser Urkunde wird eine *συγχώρησις* als *ἄκυρος* erklärt, die einen Darlehensvertrag enthielt und in der außerdem Bestimmungen getroffen waren *περὶ τοῦ ἐγδι[δά]σ̣κ̣ε̣ι̣ν̣ . . τὸν Νῖλον* (Darlehensgläubiger) *τὸν τοῦ Ἡρακλείδου* (Darlehensschuldner) *υ]ἱὸν Ἑρμαίσκον μηδ̣έ̣π̣ω̣ ὄντα [τ]ῶν ἐτῶν τὴν ἡλοκοπικὴν τέχνην.*

Wenn aber mit der Rückzahlung dieses Darlehens (cf. Z. 12ff.) das Lehrverhältnis aufgehoben wird, wie aus Z. 19ff. *ἐξῖναι δὲ τῷ Ἡρακλείδῃ καὶ ἐγδίδοσθαι τὸν ἑαυτοῦ υἱὸν Ἑρμαίσκον ἐ̣π̣ὶ̣ τὸ μανθάνειν τὴν ἡλοκοπικὴ(ν) τέχνην ἑτέρωι* hervorgeht, so müssen wir hieraus wohl den Schluß ziehen, daß dem „Lehrvertrag“ hier keine selbständige Bedeutung zukommt, sondern daß er lediglich akzessorisch zu dem Darlehensvertrag hinzutritt und dürfen vermuten, daß wir es mit der Vereinbarung einer *παραμονή*, wie in den obigen Fällen, zu tun haben,[5] bei

---

[1] Archiv f. Pap. F. Bd. V S. 241.

[2] Die uns erhaltenen Lehrverträge sind: Hib. 148; BGU. IV 1125; Oxy. II 275; Teb. II 385; PER. 134 (Wessely, Karanis und Soknopaiu Nesos S. 32). Oxy. IV 724; 725; Grenf. II 59; BGU. IV 1021. Zu bemerken ist die verschiedene Stilisierung der aus Oxyrhynchos und aus dem Faijûm stammenden Verträge.

[3] Vorbemerkung zu Teb. II 384 S. 235.

[4] cf. Wilcken l. c.

[5] Dies ist wohl auch die Auffassung Schubarts, der bei dieser Urkunde auf Teb. II 384 und Fior. 44 verweist.

der sich allerdings der Gläubiger zu einem *ἐκδιδάσκειν* verpflichtet hat. Der prinzipale Zweck dieser Vereinbarung wird also wahrscheinlich[1] auch hier der gewesen sein, daß dem Gläubiger *ἀντὶ τόκων* Dienste geleistet werden.

Dies ist der für die Beurteilung unserer Kontrakte entscheidende Punkt: Die Vereinbarung der Dienstleistungen ist eine antichretische und wir dürfen daher diese Urkunden in Parallele stellen mit den Darlehensverträgen, in denen dem Gläubiger *ἀντὶ τόκων* das Wohnrecht (*ἐνοίκησις*) eingeräumt wird;[2] denn auch in diesen Fällen wird lediglich Antichrese, nicht etwa daneben noch eine pfandrechtliche Sicherung des Gläubigers vereinbart.

Die *παραμονή* unserer Urkunden[3] können wir daher als antichretische Dienstknechtschaft charakterisieren.

III. BGU. IV 1126. Die Urkunde ist für uns von besonderer Bedeutung, weshalb ich sie hier in extenso anführen will:

Πρωτάρ[χ]ωι τῶι ἐπὶ τοῦ κριτηρίου
παρὰ Ταφεσιήους τῆς Βουκόλου μετὰ κυρίου .... Π̣ρω̣-
τ̣ά̣ρ̣χου τοῦ Δωρίωνος Ζηνείου καὶ παρὰ Πρωτάρχης τῆς
. ρ . . . . .
ἀνδρὸς
Περσείνης μετὰ κυρίου τοῦ ⟦ὁμομητρίου ἀδελφοῦ⟧ Σε̣ν̣ . . . . .
Διομήδους. Συγχωρεῖ ἡ Πρωτάρχη ἔχειν παρὰ τῆς Ταφε̣-
σ̣ι̣ή̣ο̣υ̣ς

---

[1] Mit voller Sicherheit wird sich dies wegen der unsicheren Lesung in Z. 16 nicht sagen lassen.

[2] Dies sind BGU. IV 1115; Oxy. II 339; Teb. II 543; 586.
In der Stilisierung abweichend; Lond. III Nr. 1168 (S. 136). Hierzu Mitteis, Sav. Z. Bd. 28 S. 383, 384; Rabel, Verfügungsbeschränkungen des Verpfänders S. 39 f.; Weiss, Pfandrechtliche Untersuchungen I S. 22 f.

[3] Vielleicht gehört auch die in BGU. IV 1139 Z. 5, 10 genannte *παραμονή* hierher. cf. jetzt Schubart, Anm. zu BGU. IV 1153 Z. 19.

δάνειον δ̣ι̣ὰ χειρὸς ἐξ οἴκου ἀργυρίου Πτολεμαικοῦ δραχμὰς ἑκ̣ατόν, ἀν̣τ̣ὶ̣ δὲ τούτων καὶ τῶν τόκων αὐτῶν καὶ δ̣ε̣ό̣ν̣των καὶ ἱματισμοῦ ἐ̣π̣ά̣ν̣α̣γ̣κ̣ε̣ς̣ τὴν Πρωτάρχην ἐπὶ χρόνον ἔτη τρία ἀπὸ Μεχεὶρ τοῦ ἐνεστῶτος [δευ-]τέρου καὶ εἰκοστοῦ ἔτους Καίσαρος παραμ̣ε̣ν̣εῖν τῇ Ταφεσιῆτι ἐν ᾧ̣ [κ]έ̣[κτηται] αὐτὴ ἡ̣ Ταφεσιὴς ζυτοπωλίωι ἐπιτελοῦσαν [τὰ] ἐ̣π̣ι̣τ̣α̣χ̣θ̣η̣[σό-μενα] αὐτῇ ἐν τούτωι ὑπὸ τῆ(ς) Ταφεσιῆ(τος) ἀκαθυστερήτως μ̣ὴ̣ γ̣ε̣ι̣ν̣ο̣μένη μήτε ἀπόκοιτ̣ο̣ς̣ μηδ' ἀφήμερος ἀπὸ τῆς Ταφεσιῆτος ἄνευ τῆς α̣ὐ̣τ̣ῆ̣ς̣ γνώμης, ἅτε ἐ̣ὰ̣ν λάβῃ ἢ πιστευθῇ σῶα συντηρήσειν καὶ ἀποδώσειν ταῦ[τα] τῇ Ταφ(εσιῆτι) ἢ ἐκτίνιν τὴν ἑκάστου ἀξίαν πλὴν συμφανοῦς ἀπ[ωλείας] ἧς καὶ φανερᾶς γενηθίσης ἀπολελύσθω, καὶ μὴ ἐγλείψιν τὴν μ̣[ίσθωσιν] ἐντὸς ⟨τοῦ⟩ χ̣ρ̣όνου, ἐὰν δέ τι παραβαίνῃ, ἐκτίνιν αὐτὴν τὰς το[ῦ] ἀργυρίου δραχμὰς ἑκατὸν σὺν ἡμιολίαι καὶ τόκους διδράχμους κ̣α̣ὶ̣ τ̣ὸ̣ β̣λ̣ά̣β̣ο̣ς̣ κ̣α̣ὶ̣ δαπάνημα καὶ ἄλλας ἀργυ̣ρ̣ίου δραχμὰς ἑκατὸν τῆς [πρ]άξ(εως) οὔσης τῇ Ταφεσιῆτι ἔκ τε αὐτῆς Πρωτάρχης καὶ ἐκ τῶν ὑπαρχόντων [αὐτῇ] καθά(περ) ἐγ δίκης, κ̣α̣ὶ̣ μὴ ἐπιφέρειν πίστεις ἢ ἀκύρους εἶναι, καὶ τὴ̣[ν δ]ὲ̣ [Τα]φ̣ε̣σιῆν ἐπιτελούσης αὐτῆς Πρωτάρχης ἕκαστα ἀκολούθως τρέφειν καὶ ἱματίζειν α̣ὐ̣τὴ(ν) ἐπὶ τὸν χρόνον [κα]ὶ̣ μ̣ὴ̣ ἀποτ̣ρ̣ε̣ί̣ψασθαι ἐ̣[ντὸ]ς

[τού]του, οὗ καὶ διελθόντος μηδὲν ἁπλῶς λαβοῦσαν ἀπολυσ[ειν αὐτὴν]
τῆς . . . . σεως τῶν τοῦ ἀργυρίου (δραχμῶν) ἑκατὸν καὶ προσδώσειν αὐ[τῇ]
ἐκ τοῦ ἰδίου ἄλλας ἀργυρίου δραχμὰς τεσ[σα]ράκοντα καὶ λύ[σιν]
ποιήσεσθαι τῆςδε τῆς συγχωρήσεως ἢ τῶι ἴσῳ ἐπιτίμωι ἔνοχον εἶναι. Ἀξιοῦ(μεν).

Es folgen die Unterschriften und das Datum: [(ἔτους)] κβ Καίσαρ[ος Ἀθύ]ρ ιξ.

Fragen wir, welcher Vertragskategorie diese Urkunde, die in der Edition als Dienstvertrag bezeichnet wird, beizuzählen ist, so möchte man wohl unwillkürlich schon deshalb, weil von δάνειον gesprochen wird, annehmen, daß die Kontrahenten den Abschluß eines Darlehensvertrags beabsichtigt haben. Freilich dann keines gewöhnlichen Darlehens, denn es fehlt die in den Darlehenskontrakten ständige, die Rückzahlungspflicht des Schuldners normierende Klausel.[1] An die Stelle der Rückzahlung sollen vielmehr Dienstleistungen von dreijähriger Dauer treten; nur subsidiär, für den Fall, daß die Schuldnerin den über die versprochenen operae getroffenen Vertragsbestimmungen zuwiderhandelt, soll die Rückzahlung erfolgen, und nur für diesen Fall wird der Gläubigerin die πρᾶξις καθάπερ ἐκ δίκης eingeräumt. Diese Vertragsbestimmungen werden noch dadurch kompliziert, daß bei vertragsmäßiger Dienstleistung die Schuldnerin nach Ablauf der drei Jahre noch weitere 40 Drachmen erhalten soll.

Ist dieser Vertrag als Darlehen oder als Dienstvertrag mit teilweiser praenumerando-Zahlung des Lohns zu charakterisieren?

Die Bezeichnung als δάνειον darf nicht ohne weiteres als

[1] cf. z. B. BGU. IV 1053 Z. 19f.; 1054 Z. 6f.; 1055 Z. 10f.; 1056 Z. 11f.; 1057 Z. 9f.; 1115 Z. 26f.

entscheidend angesehen werden, zumal dann, wenn die Ergänzung in Z. 15 *μὴ ἐγλείψιν τὴν μ̣[ίσθωσιν]* zutrifft. Wohl aber vielleicht die Bestimmung in Z. 23f., nach der die Gläubigerin nach vertragsmäßiger Dienstleistung der Schuldnerin verpflichtet ist: *ἀπολ̣ύσ̣[ειν αὐτὴν] τ̣ῆ̣ς̣ . . . . σεως τῶν τοῦ ἀργυρ̣ί̣ο̣υ̣ (δραχμῶν) ἑκατόν*. Als Sinn der Klausel darf m. E., auch wenn ihr Wortlaut — weder *χρήσεως* noch *ἀποδόσεως* kann gelesen werden[1] — nicht feststeht, angenommen werden: die Gläubigerin soll nach Ablauf der drei Jahre die Schuld als erloschen anerkennen.[2] Man vergleiche unsere Urkunde etwa mit Pap. Fay. 91 v. J. 99 p., einem Dienstvertrag, bei dessen Abschluß dem locator operarum eine arrha gegeben wird,[3] die bei Kontraktserfüllung auf den Lohn angerechnet wird, in diesem Fall also nur dessen teilweise praenumerando-Zahlung darstellt, bei Kontraktsbruch aber — und zwar nach dem *νόμος τῶν ἀρραβώνων*[4] in doppelter Höhe — zurückgezahlt werden soll.[5] Rein äußerlich betrachtet haben also BGU. IV 1126 und Fay. 91 zweierlei gemeinsam: das Versprechen von Diensten und die eventuelle Verpflichtung zur Rückgabe der bei Vertragsschluß empfangenen Summe. Man würde es aber gewiß als unlogisch empfinden, wenn in Fay. 91 eine der oben angeführten Klausel (BGU. 1126 Z. 23f.) entsprechende Abrede getroffen wäre, und zwar deshalb, weil hier die Verpflichtung zur Rückzahlung erst mit der Zuwiderhandlung gegen die

---

[1] Schubart, Anm. zu l. 24. Kann vielleicht *ἐκ̣τ̣ί̣σεως* gelesen werden?

[2] Die im Text folgende Argumentation entfiele, bezöge sich der obige Passus etwa auf die Entlassung der Schuldnerin nach Ablauf der drei Jahre. Nach dem Wortlaut (Angabe der geschuldeten Summe!) scheint mir das so gut wie ausgeschlossen.

[3] *ἀρραβών* bei Dienstverträgen noch in PER. 125 (Wessely, Karanis und Soknopaiu Nesos S. 60); Grenf. II 67 Z. 17; Oxy. I 140 Z. 23, 29. cf. auch Oxy. II 299.

[4] BGU. II 446 Z. 17.

[5] So auch in Oxy. 140 Z. 26.

Kontraktsbestimmungen zur Entstehung gelangt, bei Kontraktserfüllung demnach ein ἀπολύεσθαι des Arbeitnehmers von einer Rückzahlungsverpflichtung überhaupt nicht in Frage kommen kann. Ist dagegen nicht die Entstehung, sondern lediglich die Geltendmachung des auf Rückzahlung der bei Kontraktschluß gezahlten Summe gerichteten Anspruchs von dem vertragswidrigen Verhalten des die Dienstleistungen versprechenden Kontrahenten abhängig gemacht, so ist die Klausel durchaus am Platz: durch das ἀπολύειν soll dann konstatiert werden, daß durch die vertragsmäßige Leistung der Dienste die durch die Zahlung entstandene Rückzahlungsverpflichtung erloschen ist.

Auf Grund dieser Klausel müssen wir m. E. BGU. IV 1126 als Darlehensvertrag auffassen, bei dem die von der Darlehensempfängerin versprochenen Dienstleistungen an die Stelle der Rückzahlung des Kapitals wie auch der Zahlung der Zinsen[1] treten sollen. Dem steht kaum entgegen, daß die Schuldnerin nach Ablauf der dreijährigen Arbeitszeit weitere 40 Drachmen bekommen soll, eine Vertragsbestimmung, die in uns unbekannten konkreten Umständen ihren Grund haben mag, die aber für die juristische Beurteilung des Kontrakts gegenüber der so deutlich sprechenden ἀπολύειν-Klausel wohl außer Betracht bleiben kann.

Somit bietet die Urkunde ein Beispiel für die Vereinbarung der Schuldabarbeitung, die bei Eingehung[2] des Darlehensvertrags getroffen wird. Dabei ist wichtig, daß sich die Schuldnerin für die Zeit der Abarbeitung in ein persönliches Abhängigkeitsverhältnis zur Gläubigerin begibt, indem sie in

[1] Auch dies spricht für die Annahme eines δάνειον.

[2] Denkbar wäre allerdings, daß das Empfangsbekenntnis in Z. 5, 6 nur fiktiv ist. Irgend ein positiver Anhalt für diese Auffassung besteht jedoch, soweit ich sehe, nicht.

deren Hausgemeinschaft eintritt, wie aus dem *παραμένειν* in Z. 9 und aus Z. 11, 12: *μ̣ὴ̣ γ̣ε̣ι̣ν̣ο̣μένη μήτε ἀπόκοιτος μηδ' ἀφήμερος ἀπὸ τῆς Ταφεσιῆτος ἄνευ τῆς α̣ὐ̣τ̣ῆ̣ς̣ γνώμης* mit aller Deutlichkeit hervorgeht.[1] Die Gläubigerin ist während dieser Zeit zur Alimentation der Schuldnerin verpflichtet.

Da es für die rechtliche Beurteilung des Vertrags auf die Art der zu leistenden operae nicht ankommen kann, und es für diese indifferent wäre, wenn die Schuldnerin anstatt der gewerblichen Dienste etwa wie in Fior. 44 Arbeitsleistungen *κατ' ἀγρόν* zugesichert hätte, so müssen wir die Frage aufwerfen: Haben wir in BGU. IV 1126 ein Beispiel für die von Varro bezeugte ägyptische Schuldknechtschaft?

Man könnte geneigt sein, sie zu bejahen. Nicht nur, daß das Moment, das nach unserer Annahme für Varro das tertium comparationis zwischen nexi und obaerarii bildete: die Befugnis des Gläubigers, die Arbeitskraft des in seiner Gewalt befindlichen Schuldners für sich zu verwerten, auch auf das in BGU. IV 1126 vereinbarte Dienstverhältnis zuzutreffen scheint; auch die nexi arbeiten nach der in der Literatur zumeist vertretenen Auffassung ihre Schuld ab, und nach einigen Schriftstellern[2] kann die Abarbeitung der Schuld, wie in unserem Fall, bereits bei Abschluß des Darlehensvertrags vereinbart werden. Auf die Konkordanz in dem zuletzt genannten Punkte wird man, auch abgesehen von dem rein hypothetischen Charakter dieser für das nexum aufgestellten Ansicht, nach dem oben Gesagten kein Gewicht legen dürfen. Aber auch trotz der im übrigen anscheinend bestehenden Übereinstimmung halte ich es

---

[1] cf. oben S. 15, 16 die entsprechenden Bestimmungen in Teb. II 384; Fior. 44.

[2] z. B. Burchardi, Lehrbuch des röm. Rechts [2] Bd. II S. 314 zu Anm. 28. Walter, Geschichte des röm. Rechts [3] Bd. II S. 248. Kleineidam, Personalexekution S. 127.

für sehr fraglich, ob wir die in BGU. IV 1126 kontrahierte παραμονή mit der Schuldknechtschaft der nexi und folglich auch der obaerarii VARROS zusammenstellen dürfen. Ein gewichtiges Moment scheint mir dem entgegenzustehen. Wir müssen uns gegenwärtig halten, daß VARRO von einer für Rom antiquierten Form der Schuldknechtschaft spricht. Will man aber annehmen, daß das Abarbeiten der Schuld beim Gläubiger in Rom zu VARROS Zeit unzulässig war?

Was die Ausgestaltung der nachpoetelischen Personalexekution anlangt, so stehen sich in der Literatur zwei Ansichten gegenüber: während nach der von der Mehrzahl der Schriftsteller[1] vertretenen Meinung der addictus seine Schuld beim Gläubiger abarbeiten muß, nehmen BETHMANN-HOLLWEG[2] und einige andere Gelehrte[3] an, daß die Personalvollstreckung nach der lex Poetelia lediglich zu privater Schuldhaft führe, ohne daß dem Gläubiger ein Recht auf die operae des Schuldners zustehe. Welche der beiden Auffassungen die zutreffende ist, können wir auf sich beruhen lassen; denn auch dann, wenn ein Arbeitszwang gegen den addictus nicht besteht, muß doch wohl eine vertragsmäßige Schuldabarbeitung, etwa auf Grund einer stipulatio operarum, als zulässig betrachtet werden. Ich wüßte nicht, was der Gültigkeit eines Vertrags, durch den sich der Schuldner verpflichtet, beim Gläubiger seine Schuld ab-

---

[1] Beispielsweise seien genannt: RUDORFF, Röm. Rechtsgeschichte § 90 Anm. 5; WALTER l. c. Bd. II S. 110; PUCHTA, Institutionen [9] Bd. I S. 555 Note v; CUQ, Institutions juridiques des Romains Bd. I [2] S. 247; GIRARD, Manuel élém. de droit romain [4] S. 1038. KLEINEIDAM, Beiträge zur Kenntnis der lex Poetelia S. A. S. 27ff.

[2] Der römische Zivilprozeß Bd. II p. 665 (§ 113 Anm. 23).

[3] BURCHARDI l. c. Bd. II S. 315; HUSCHKE, Nexum S. 149, 150; GALLINGER, Der Offenbarungseid des Schuldners S. 20; HORTEN, Personalexekution Bd. II S. 29; cf. auch ROBY, Roman private law Bd. II S. 429; GREENIDGE, The legal procedure of Ciceros Time S. 280.

zuarbeiten, entgegengestanden haben sollte.[1] Bethmann-Hollweg[2] hebt zudem selbst die Möglichkeit einer derartigen Vereinbarung für die Zeit nach der lex Poetelia ausdrücklich hervor. Daher möchte ich annehmen, daß die Schuldabarbeitung zum mindesten als solutorische Exekutionsform zur Zeit Varros zulässig war, wenn sich dies auch meines Wissens aus den Quellen nicht direkt nachweisen läßt.[3]

Aus diesem Grunde wage ich es nicht, BGU. IV 1126 mit unserer Varrostelle zu kombinieren. Dazu kommt, daß sich in neuerdings publizierten Urkunden eine bisher unaufgeklärte Exekutionsform findet, die vielleicht eher als die *παραμονή* in

---

[1] Die lex Poetelia gewiß nicht. Ebenso wird, nebenbei bemerkt, im attischen Recht die vertragsmäßige Schuldabarbeitung auch nach Solon zulässig gewesen sein, cf. Weiss, Pfandrechtliche Untersuchungen I S. 8 und Anm. 2 daselbst. Für diese Frage sind vielleicht folgende Grammatikerdefinitionen nicht ohne Bedeutung:

Harpocration: *ἀπεργασάμενος· ἀντὶ τοῦ ἀποδοὺς ἐκ τῶν ἔργων ὧν εἰργάσατο Ἰσαῖος ἐν τῷ πρὸς Ἀπολλόδωρον.*

Suidas: *ἀπεργασάμενος· ἀντὶ τοῦ ἀποδοὺς ἐξ ὧν εἰργάσατο· οὕτως Ἰσαῖος ἐν τῷ πρὸς Ἀπολλόδωρον. Καὶ ἀπεργάσασθαι, ἀντὶ τοῦ ἀποπληρῶσαι· Ἀριστοφάνης.*

Ἀπεργάζεσθαι in der Bedeutung „abarbeiten“ kommt in den Papyri m. W. nur in Pap. Lille 16 vor, wo es sich um Abarbeitung einer Steuerschuld zu handeln scheint.

Wenn, was allerdings zweifelhaft ist, in dem neuen Menanderfragment *Ἥρως* das *ἀπεργάζεσθαι* die Folge der Verpfändung der Kinder durch ihren Vater (so Partsch, Griech. Bürgschaftsrecht I S. 41 f.), nicht, wie Weiss l. c. annimmt, die eines zwischen ihnen und dem Gläubiger geschlossenen Vertrags ist, so könnte hiermit die Verpfändung bei Terenz, Heautontimorumenos v. 601 ff. zusammengestellt werden.

[2] l. c. Bd. I S. 201 Anm. 39.

[3] Anders wohl Kretschmar, wenn er l. c. S. 267 sagt: „Daß damit (durch die Reform des Schuldrechts durch die lex Poetelia) keineswegs jede Möglichkeit eines Vertrags, durch Dienste eine Schuld abzuarbeiten, ausgeschlossen war, zeigen spätere Zeugnisse mit aller Deutlichkeit.“ Ich habe, wie ich bekennen muß, ein derartiges Zeugnis nicht finden können. Auch Bethmann-Hollweg l. c. führt keinen Beleg an.

BGU. IV 1126 mit der Schuldknechtschaft der nexi in Parallele gestellt werden kann. Zu diesen Urkunden soll nunmehr übergegangen werden.

§ 3. Die ἀγώγιμος-Klausel der συγχωρήσεις.

In seiner Abhandlung über die alexandrinischen Urkunden aus der Zeit des Augustus[1] hat SCHUBART auf eine in zahlreichen Kontrakten dieser Gruppe begegnende, bisher unbekannte Klausel hingewiesen,[2] die mir für das Vollstreckungsrecht von großer Bedeutung scheint. Es handelt sich um die Vereinbarung, der Schuldner solle bei Nichterfüllung bzw. nicht gehöriger Erfüllung παραχρῆμα[3] ἀγώγιμος sein und bis zur Erfüllung einem συνέχεσθαι unterliegen.

Als Beispiel sei angeführt BGU. IV 1054 (Darlehen vom Jahre 13 a. Chr.).

Συγχωρεῖ ὁ Ἀμμώνιος ἔχειν παρὰ τοῦ Ἀπολλωνίου δάνειον — Summe — ὃ καὶ ἀποδώσειν — Zeitbestimmung —

Z. 9 ἢ εἶναι αὐτὸν ̣π̣α̣ρ̣α̣χρῆμα ἀ̣γ̣ώ̣γ̣ι̣μ̣ο̣ν καὶ συνέχεσθαι μέ-
Z. 10 χρ[ι] τοῦ [ἐκ]τ̣ε̣ῖ̣[σαι τὸ κεφά]λειον σὺν ἡμιολίᾳ, [τοῦ]
Z. 11 δὲ ὑπερπεσόντος [χρόνου] τοὺς κατὰ τὸ διάγραμμα τόκους
Z. 12 διδράχμους τῆς πράξεως γεινομένης τῷ Ἀπο[λλωνίῳ]
Z. 13 ἔκ τε αὐτοῦ Ἀμμωνίου καὶ ἐκ τῶν ὑπαρχόντων αὐτῷ πάντων
Z. 14 καθάπερ ἐγ δίκης.

Die Verträge, in denen sich diese Bestimmung findet, sind verschiedener Art:[4] Darlehen (BGU. IV 1053—1057 Z. 1—17; 1115; 1145; 1147; 1150 Z. 14—25; 1151 Z. 26—49; 1156),

---

[1] Zu diesen Urkunden cf. auch G. A. GERHARD, Deutsche Literaturzeitung 1909 Sp. 2461—2467.

[2] Archiv f. Pap.-F. Bd. V S. 113.

[3] In einigen Fällen fehlt das παραχρῆμα; cf. unten S. 48 Anm. 1.

[4] cf. SCHUBART l. c. S. 113 Anm. 3.

Miet- und Pachtverträge (BGU. IV 1116; 1117; 1118; 1119; 1121), τροφῖτις-Kontrakt (BGU. IV 1106), Indemnitätsvertrag[1] (BGU. IV 1133); Arbeitsvertrag[2] (BGU. IV 1122); Lieferungsverträge (BGU. IV 1142; 1143); Vertrag über Ratenzahlung eines Kaufpreises (BGU IV 1146), ihnen allen aber sind drei Momente gemeinsam:

a) neben der ἀγώγιμος-Klausel wird stets[3] die πρᾶξις καθάπερ ἐκ δίκης sowohl gegen die Person wie gegen das Vermögen des Schuldners vereinbart,

b) der Schuldner, der ἀγώγιμος sein soll, gehört stets zur Klasse der Πέρσαι τῆς ἐπιγονῆς;[4] BGU. IV 1156 ist, soweit ich sehe, die einzige Urkunde, in der die Schuldner nicht als Πέρσαι bezeichnet werden.[5] Daß dies nicht Zufall ist, daß vielmehr die Zugehörigkeit zu dieser Klasse eine Voraussetzung der Zulässigkeit des ἀγώγιμον

---

[1] cf. BGU. IV 1057 Z. 18—31; Oxy. II 286; 270; Teb. II 392; Oxy. VI 898 Z. 18, 19 (τὴν ἀπερίσπαστον); BGU. IV 1144.

[2] Zu der hier übernommenen Verpflichtung zum ἀνάγειν der Grundstücke zu einer bestimmten Kulturart cf. Lond. III Nr. 921 (S. 134) und dazu Wilcken, Archiv f. Pap. F. Bd. IV S. 548, ferner neuestens Hunt, Oxy. VII S. 172 Anm. zu Nr. 1032 Z. 8.

[3] Auch in BGU. IV 1118; 1119; 1121. Daß in diesen Urkunden die καθάπερ ἐκ δίκης-Formel der ἀγώγιμος-Klausel nicht wie in BGU. IV 1116, 1117 unmittelbar folgt, ist m. E. bedeutungslos. Die πρᾶξις κ. ἐ. δ. bezieht sich in diesen Fällen m. M. n. auf die Geltendmachung sowohl des Hauptanspruchs wie auch des auf Ersatz des eventuellen ἀφεύρεμα (falls der Vermieter bzw. Verpächter von der ihm eingeräumten Befugnis zum μεταμισθοῦν Gebrauch macht) gerichteten Anspruchs. Über die Bedeutung des μεταμισθοῦν cf. Wilcken, Archiv f. Pap.-F. Bd. II S. 129 Anm. 3, dessen Ansicht durch die hier genannten Berliner Papyri bestätigt wird. A. M. Wenger, ebenda Bd. II S. 61, Bd. IV S. 196.

[4] Über die Πέρσαι τ. ἐ. cf. Otto, Priester und Tempel im hellenistischen Ägypten Bd. I S. 224f. und die dort Zitierten; Bouché-Leclercq, Histoire des Lagides Bd. IV S. 36ff.; Schubart l. c. S. 112 ff.

[5] BGU. IV 1118, wo die ἀγώγιμος-Formel in Z. 41 wohl sicher ergänzt ist, ist am Anfang sehr defekt. Ob hier die Personalbezeichnung stand, ist daher ungewiß.

εἶναι bildet, beweist der von SCHUBART[1] in diesem Sinne angeführte Passus aus der Urkunde Nr. 184 R (jetzt Nr. 1142): ἢ εἶναι τ[ὸν Ἀπολ]λοφάνην ἀγώγιμον ὡς κεχρηματικότα Πέρσην τῆς ἐπιγονῆς.[2]

c) die genannten Urkunden sind sämtlich συγχωρήσεις. Nur in ihnen ist unsere Klausel bezeugt; in den zahlreichen Verträgen aus der χώρα, in denen Πέρσαι τῆς ἐπιγονῆς als Schuldner auftreten, findet sich von ihr, soweit ich sehe, keine Spur. Als einzige Urkunde, in der eine Vereinbarung getroffen wird, die allenfalls mit unserer ἀγώγιμος-Formel zusammengestellt werden könnte, käme höchstens die Gestellungsbürgschaft Lond. II Nr. 220 (S. 6) vom Jahre 133 a. Chr. in Betracht, in der es heißt, der Bürge solle im Falle der Nichtgestellung des Schuldners χειραγώγιμος sein.[3] Identisch mit unserer Klausel ist diese Bestimmung schon nach ihrer Formulierung gewiß nicht.

Soweit wir heute sehen, ist also die ἀγώγιμος-Klausel zulässig in exekutiven συγχωρήσεις gegen Πέρσαι τῆς ἐπιγονῆς. Notwendiger Vertragsbestandteil ist sie nicht, wie aus einem Vergleich zwischen den gleichgearteten Urkunden BGU. IV 1057[4]

---

[1] l. c. S. 113 Anm. 3.

[2] Hiermit ist zu vergleichen, worauf mich Herr Dr. SCHUBART aufmerksam macht, Oxy. II 271 Z. 10, 11: δανε[ι]σθεισῶν δὲ ὑπὸ τοῦ δεῖνος Πνεφερ[ῶτι] Παποντῶτος χρ[η]ματίσαντι Πέρ[ση τῆς] ἐπιγονῆς. Die Darlehensforderung, die in Oxy. II 271 zediert wird, beruht auf einer συγχώρησις cf. Z. 11. Zu dieser Urkunde: WENGER, Studi giuridici in onore di C. Fadda Bd. IV S. 87 ff. cf. unten S. 48 Anm. 2.

Auffallend ist die Personalbezeichnung in der sich auf Vermögensexekution beziehenden Urkunde Lips. 120 (Z. 6).

[3] cf. zu Lond. II 220: WILCKEN, Archiv f. Pap.-F. Bd. I S. 135. MITTEIS, Sav. Z. Bd. 29 S. 501.

[4] Interessant ist die Scheidung zwischen Hauptschuldner und Bürgen in BGU. IV 1057 Z. 1—17. Nur die Hauptschuldner sind ἀγώγιμοι, nicht der Bürge. cf. PARTSCH, Griechisches Bürgschaftsrecht Bd. I S. 158 zu Anm. 1. Anders in BGU. IV 1106 Z. 36 und 1145 Z. 41.

Z. 18—32; 1144 und BGU. IV 1133 oder BGU. IV 1106 und BGU. IV 1107 deutlich hervorgeht.

Das für uns wichtigste Problem ergibt sich aus der unter a) angeführten Tatsache. Wie verhalten sich zueinander die πρᾶξις καθάπερ ἐκ δίκης und das in unseren Urkunden vereinbarte Verfahren? Eins ist hierbei m. E. klar: das ἀγώγιμον εἶναι und das sich daran anschließende συνέχεσθαι ist nicht die πρᾶξις κ. ἐ. δ. in der Richtung gegen die Person des Schuldners. Anderenfalls wäre ja unsere Klausel wegen der regelmäßig danebenstehenden καθάπερ-Formel völlig überflüssig, wie auch die Beschränkung auf eine bestimmte Personenklasse unverständlich bliebe; eine Argumentation, die natürlich nur unter der Voraussetzung zutreffend ist, daß die Worte καθάπερ ἐκ δίκης der πρᾶξις-Klausel sich nicht nur auf die Vermögens-, sondern auch auf die Personalexekution beziehen, was wegen der Stilisierung der Exekutionsklausel, auf die Kübler[1] nachdrücklich hingewiesen hat, angenommen werden darf.

Um unsere Frage beantworten zu können, müßten wir aber vor allem über die Personalexekution, insbesondere auf Grund der Exekutivurkunde unterrichtet sein.

Was bis vor wenigen Jahren von der Personalexekution in Ägypten bekannt war,[2] beschränkte sich im wesentlichen darauf, daß nach Diodor[3] die Gesetzgebung des Bocchoris das δανείζειν

[1] Sav. Z. Bd. 25 S. 277, 278. cf. Wenger, Archiv f. Pap.-F. Bd. II S. 498; Reinach, Pap. Rein. S. 41; Pflüger l. c. S. 81; Pappulias, ἡ ἐμπράγματος ἀσφάλεια S. 24, 25; Partsch l. c. S. 227 f.; Frese, Aus d. gräco-ägyptischen Rechtsleben S. 25. Neuerdings insbesondere Mitteis, Sav. Z. 29 S. 501.

[2] Mitteis, Reichsrecht und Volksrecht S. 447 ff.

[3] Über die Glaubwürdigkeit des Diodor'schen Berichts cf. Griffith im Catalogue of the Demotic Papyri in the John Rylands Library Bd. III S. 51 Anm. 1: „Diodorus' statements must not be taken for history, but they may be useful for hints and illustrations". Die von Griffith l. c. S. 50 ff. publizierten Contracts of servitude aus der Zeit Amasis' II. sind

ἐπὶ σώμασι verboten hat, daß die Personalexekution aber unter der ptolemäischen Herrschaft wieder aufgekommen ist und sich bis tief in die Kaiserzeit hinein erhalten hat,[1] obwohl schon unter Augustus der Versuch gemacht worden ist, sie zu beseitigen oder wenigstens, wie m. E. wahrscheinlicher, durch die Erstreckung der lex Julia de cessione bonorum auf Ägypten zurückzudrängen.[2]

Die Papyrusfunde der letzten Jahre haben auch auf diesem Gebiet unsere Kenntnis erweitert.

Zunächst haben sie uns gelehrt, daß die Personalexekution in frühptolemäischer Zeit durch ein *διάγραμμα* geregelt worden ist,[3] das, wie aus Pap. Hib. 88 und 92 geschlossen werden darf, vor dem Jahre 262 a. Chr. erlassen worden ist. Nicht nur Bestimmungen über die *πρᾶξις* hat es enthalten; die von Schubart[4] angeführten Urkunden machen es m. E. wahrscheinlich, daß wir uns unter diesem *διάγραμμα*, das, als allgemein bekannt, stets ohne näheren Zusatz, meist im Singular zitiert wird, die „allgemeine Gerichtsordnung" der Ptolemäer vorzustellen haben.

Wie aber regelte dieses *διάγραμμα* die Personalexekution?

---

für die Geschichte der ägyptischen Personalexekution von außergewöhnlichem Interesse, da sie die Existenz vertragsmäßiger Schuldsklaverei für diese Zeit beweisen.

[1] Mit welcher Zähigkeit, zeigt jetzt auch Pap. Oxy. VI Nr. 902 v. J. 465 p. Chr. cf. auch Führer durch die Ausstellung der Papyri Erzherzog Rainer Nr. 343, Inv. Nr. 4204 v. J. 497 p. Chr. und dazu Cod. Just. IX 4, 6 § 7.

[2] Zu der Frage, wie die im Edikt des Tib. Julius Alexander (CJGr. 4957 Z. 16) genannte *βούλησις* des Augustus zu erklären ist, cf. Mitteis, Reichsrecht und Volksrecht S. 447 und die daselbst Anm. 4 Zitierten; jetzt vor allem: Archiv f. Pap.-F. Bd. I S. 352 f.

[3] cf. Wenger, Archiv f. Pap.-F. Bd. II S. 53; Grenfell-Hunt, Vorbemerkung zu Hib. 34.

[4] l. c. S. 68 Anm. 2.

Zur Beantwortung dieser Frage sind zunächst zwei Urkunden heranzuziehen, Hib. 34 und 73,[1] die in einem engen, bereits von den Editoren gewürdigten Zusammenhang stehen.

Folgender Tatbestand liegt ihnen zugrunde: Dorion hat gegen Callidromus einen Anspruch auf Herausgabe eines ihm (dem Dorion) gehörigen[2] ὑποζύγιον oder Zahlung der τιμή, des Werts des Esels. Wegen Nichterfüllung dieses Anspruchs wird Callidromus auf Anordnung des ἐπιστάτης — m. E. des ἐπιστάτης τῆς κώμης[3] — von Antigonus, wahrscheinlich einem Phylakiten, in Haft genommen und in das δεσμωτήριον abgeführt, dann aber von Patron, dem Archiphylakiten wieder freigelassen. In beiden Urkunden, Hib. 34 einer ἔντευξις und Hib. 73, einem Brief an den Epistates, beschwert sich Antigonus über die widerrechtliche Freilassung des Callidromus durch Patron.

Daß es sich bei der Verhaftung um Exekution, nicht etwa lediglich um eine polizeiliche Maßregel handelt, darf m. E. mit Sicherheit geschlossen werden aus Hib. 73 Z. 12: die Freilassung hat zur Folge: ὥστε μὴ δύνασθαι ἡμᾶς τὴν πρᾶξιν π[οιήσασθαι]; ebenso aus Hib. 34 Z. 8: Patron hat den Callidromus aus der Haft entlassen, ἵνα μὴ ἡ πρᾶξις συντελεσθῆι. Und diese Haft, die Haft im δεσμωτήριον, wird in Hib. 73 Z. 12, 13 als πρᾶξις κατὰ τὸ διάγραμμα bezeichnet.

Nur wenige Worte sollen über das Verfahren, daß der πρᾶξις vorausgegangen ist, gesagt werden. Aus unseren beiden Urkunden erfahren wir hierüber nichts. Für wahrscheinlich

---

[1] cf. zu diesen Urkunden: Bouché-Leclercq, Histoire des Lagides Bd. IV S. 163; Bortolucci, Bull. dell' istit. di dir. rom. Bd. XIX S. 297; Engers, De Aegyptiarum κωμῶν administratione S. 75.

[2] cf. Hib. 34 Z. 3; 73 Z. 3: ἀποδοῦναι τῶι κυρίωι.

[3] A. A. die Editoren, die an den ἐπιστάτης τῶν φυλακιτῶν denken. So auch Bouché Leclercq l. c. Bd. IV S. 59 Anm. 1; Engers l. c.

halte ich folgendes: Wenn wir Pap. Magd. 35 und Pap. Mél. Nicole S. 281 zum Vergleiche heranziehen, Klagschriften, in denen es sich um Ansprüche gleicher Natur handelt, wie in Hib. 34, 73, also um Ansprüche, gerichtet auf Herausgabe einer Sache oder Zahlung deren τιμή, so liegt, da alle diese Urkunden derselben Periode angehören, die Annahme nahe, daß in unserem Falle der Prozeß mit einer den eben genannten analogen ἔντευξις eingeleitet worden ist. Wie sich in einem solchen Falle das Verfahren abspielt, lehrt die subscriptio des Pap. Mél. Nicole: der ἐπιστάτης τῆς κώμης wird beauftragt, eine διάλυσις, d. h. eine Versöhnung der Parteien herbeizuführen; gelingt dies nicht, so kommt es zum Prozeß vor dem zuständigen Gericht. Erkennt der Beklagte vor dem ἐπιστάτης den Anspruch an, kommt also die διάλυσις zustande, so kann der ἐπιστάτης, wie wir aus Pap. Magd. 23[1] schließen dürfen, die πρᾶξις vornehmen lassen. Dies spricht wohl dafür, daß der in Hib. 34, 73 genannte ἐπιστάτης, auf dessen πρόσταγμα hin Antigonus den Callidromus in Haft genommen hat, ἐπιστάτης τῆς κώμης ist.[2] Soweit ich sehe, liegt kein zwingender Grund vor, ihn mit den Editoren als ἐπιστάτης τῶν φυλακιτῶν aufzufassen. Nach dem Gesagten halte ich es für möglich, daß ein ὁμολογεῖν des Callidromus vor dem ἐπιστάτης die Grundlage der πρᾶξις gebildet hat.[3]

Für Exekutionshaft im δεσμωτήριον haben wir außer Hib. 34, 73 noch mehrere Belege, allerdings von ungleichem Beweiswert.

Zunächst die zweite der petitions from prisoners, Pap. Petr. II, XIX (S. 60),[4] deren Petit lautet: δέομαι οὖν σου βοηθῆσαι

---

[1] cf. Taubenschlag, Archiv f. Pap.-F. Bd. IV S. 37.

[2] cf. auch Pap. Magd. 4; nach dem Petit dieser ἔντευξις soll, ἐὰν ᾖι τὰ διὰ τῆς ἐντεύξεως ἀληθῆ, ebenfalls der ἐπιστάτης τῆς κώμης die πρᾶξις vornehmen.

[3] πρᾶξις auf Grund des ὁμολογεῖν des Beklagten ist außer in Magd. 23 wohl auch durch Hib. 30 Z. 17—20 bezeugt.

[4] = Petr. III, XXXV b. (Möglicherweise gehört auch Petr. II, XIX, 1 hierher). Zur Lesung cf. Wilcken, Archiv f. Pap.-F. Bd. III S. 518.

μοι ἵνα μὴ συμβῆι μοι καὶ ἐν τῆι φυλακῆι καταφθαρῆναι μὴ ἀναπληρώσαντα. Hierbei ist jedoch zu beachten, daß die Urkunde nicht erkennen läßt, ob der Arbeitsvertrag, dessen Nichterfüllung die Haft nach sich zieht, ein zwischen Privaten abgeschlossener Vertrag ist. Möglich scheint mir auch, daß der Petent Staatsschuldner ist, so daß dann die Eingabe lediglich die Möglichkeit der Schuldhaft auf Grund einer staatlichen Forderung beweisen würde.[1]

Sicherere Belege für die Exekutionshaft im δεσμωτήριον wegen privater Ansprüche sind dagegen zwei Urkunden, die aus den ersten Jahrzehnten der Römerherrschaft stammen und gerade deshalb für uns besonders wertvolle Zeugnisse darstellen, da unser Ziel naturgemäß sein muß, den Rechtszustand zur Zeit unserer συγχωρήσεις zu bestimmen: dies sind BGU. IV 1138 aus dem 12. Jahr des Augustus (19/18 a. Chr.) und Oxy. II 259 v. J. 23 p. Chr.

Der Tatbestand der ersteren, erst kürzlich edierten Urkunde, einer an einen Λεύκιος[2] gerichteten Eingabe, ist, was aber glücklicherweise für ihre Verwertung zu unserer Untersuchung nichts ausmacht, nicht recht durchsichtig. Es handelt sich um einen Prozeß zwischen dem Petenten Nikanor als Kläger und einem Ischyrion als Beklagten wegen eines Anspruchs auf Zahlung von 1600 Drachmen. Aus welchem Rechtsgrund diese Forderung hergeleitet wird, ist m. E. nicht sicher zu bestimmen; sie steht aber im Zusammenhang damit, daß auf Betreiben des Ischyrion Papias, ein Schuldner des Nikanor, aus dem δεσμωτήριον zu Sais entlassen worden ist. In der

---

[1] Dies gilt in erhöhtem Grad von Pap. Teb. I 34; cf. Wenger, Archiv f. Pap.-F. Bd. II S. 497 Anm. 4.

[2] Wer der Adressat ist, läßt sich nicht sicher feststellen, vgl. Schubart l. c. S. 69 Anm. 1 und zu BGU. IV 1138 Z. 1.

Verhandlung vor dem vom *Λεύκιος* delegierten[1] Richter ist der *δεσμοφύλαξ* von Sais als Zeuge vernommen worden, dessen Aussage in der vorliegenden Eingabe referiert wird:

Z. 14 *ἐμαρτύρησ(εν) ὁ δεσμοφύλαξ Χαιρήμω(ν) περὶ το(ῦ) παρα-*
Z. 15 *δεδόσθαι αὐτῷ τὸν Παπία(ν) πρὸς τά(ς) το(ῦ) ἀργυ(ρίου)*
(δραχμὰς) (χιλίας) (ἑξακοσίας).

Daß es sich hier um Exekutionshaft handelt, wird kaum bezweifelt werden können.

Die Forderung gegen Ischyrion geht auf den gleichen Betrag wie die gegen Papias.[2] Vielleicht läßt sich dies damit erklären, daß Ischyrion die Freilassung des Papias durch Leistung eines Gestellungsversprechens bewirkt hat, dann aber seiner Gestellungsverpflichtung nicht nachgekommen ist und deshalb, entsprechend dem Formular der hellenistischen Gestellungsbürgschaft,[3] zur Zahlung der von Papias geschuldeten Summe verpflichtet ist.[4] Eine solche Entlassung des Schuldners aus der Vollstreckungshaft gegen Gestellungsbürgschaft ist uns bezeugt in der zweiten der oben genannten Urkunden, in Oxy. II 259. Die Urkunde ist mehrfach in der Literatur behandelt worden,[5] doch scheint mir die ihr regelmäßig gegebene Erklärung, daß gegen die uns in Z. 1 bis Z. 22 erhaltene Gestellungsbürgschaft vom 22. Pachon des 9. Jahres des Tiberius der Schuldner für

---

[1] Z. 7 *δέδωκας ἡμεῖν κριτὴν Κάσιον.*

[2] Z. 22.

[3] Partsch, Griechisches Bürgschaftsrecht I S. 210ff.

[4] Dies ist natürlich nur Vermutung, namentlich im Hinblick auf das *διασείσματος* in Z. 22, das so unerklärt bleibt. Denkbar ist gewiß auch die Auffassung des Editors, daß eine widerrechtliche Freilassung des Papias durch Ischyrion stattgefunden hat, und daß dieser also zur Zahlung der geschuldeten Summen verpflichtet ist, weil er dem Exekutionsvollzug entgegengetreten ist. cf. dazu Kohler, Shakespeare S. 247.

[5] Mitteis, Archiv f. Pap.-F. Bd. I S. 352 f.; Wenger, Rechtshistorische Papyrusstudien S. 45ff.; P. M. Meyer, Klio Bd. VI S. 446; Partsch, Griech. Bürgschaftsrecht I S. 93, 211, 283.

die Dauer von 30 Tagen aus der Haft entlassen wird,[1] nicht zutreffend zu sein. Es wird hierbei m. E. die Zeitangabe in Zeile 9 übersehen. Die entscheidende Stelle lautet:

ἀ[πο]καταστήσω ὃν ἐνγεγύημαι[2]
παρὰ σοῦ ἐκ [τ]ῆς πολιτικῆς φυλα[κ[ῆς
Z. 9 τῷ Φαῶφι [το]ῦ ἐνεστῶτος ἔτους
Σαρα(πίωνα) Σαραπίω(νος) τ̣ὸ̣ν εἰσηγμένον [π]ρ̣ὸς [σ]ṿγ-
γρα(φὴν) ἰδιόγραφ[ον] ψελίου χρυσοῦ[[ν]] μνα[ι]ῃ̣ίω(ν)
δύο Μαγιανοῦ[3] εἰς λόγον Ἀλίνης τῆς
Διονυσίου ἀστῆς διὰ Βίλλου διοικητικ[οῦ
ὑπηρ̣έτ[ου].

Der Aussteller der Urkunde, Theon, erklärt hier, daß er den Schuldner Sarapion bereits im Monat Phaophi des 9. Jahres des Tiberius, also vor mehr als einem halben Jahre vor Abgabe des uns hier vorliegenden Gestellungsversprechens durch ἐγγύη aus der Haft befreit hat.[4] Ich möchte daher die Bedeutung der Urkunde (Z. 1—22) darin erblicken, daß durch sie die Frist, die in dem bei der Entlassung des Schuldners aus der Haft abgegebenen Gestellungsversprechen für die Gestellung bestimmt war, um 30 Tage verlängert wird. Dies nebenbei. Für uns in erster Linie von Bedeutung ist die Tatsache, daß der Schuldner in der φυλακὴ πολιτική, im städtischen Gefängnis, in Haft war πρὸς συγγραφὴν ἰδιόγραφον.

Die bisher herangezogenen Urkunden[5] beweisen für das

---

[1] cf. Mitteis, Wenger, Partsch l. c.

[2] Zu dem ἐνγεγύημαι cf. Partsch l. c. S. 93.

[3] cf. Wilcken, Archiv f. Pap.-F. Bd. IV S. 561.

[4] Daß sich die Zeitangabe in Z. 9 nicht auf das εἰσηγμένον (Z. 10) beziehen kann, sondern zu ἐνγεγύημαι gehört, lehrt ihre Stellung.

[5] Zu Pap. Lille 7 cf. unten S. 41 f. Um Schuldhaft handelt es sich ferner noch in Pap. Teb. I 57, doch ist Näheres aus dieser Urkunde nicht zu ersehen.

ptolemäische und frührömische[1] Ägypten die Existenz der öffentlichen Schuldhaft. Die Frage ist jetzt: War diese die einzig mögliche Form der Personalexekution?

Insbesondere Pap. Rein. 7[2] drängt zu dieser Frage. Steht dem Schuldner auch in diesem Falle die Haft im δεσμωτήριον bevor, so enthalten seine Worte: κινδυνεύων ἀντ' ἐλευθέρου δοῦλο[ς] γενέσθαι allerdings eine sehr arge Übertreibung. Für sich allein betrachtet ließe die Stelle, die m. E. keinesfalls wörtlich aufgefaßt werden darf, wohl eher Privathaft beim Gläubiger als Exekutionsform vermuten. Ohne neue Quellen[3] ist hier jedoch m. E. nicht weiterzukommen; nur so viel werden wir auf Grund des uns heute vorliegenden Materials, ohne unvorsichtig zu sein, annehmen dürfen, daß die Haft im δεσμωτήριον, also die öffentliche Schuldhaft, nach dem διάγραμμα die reguläre Form der Personalexekution gewesen ist. Hierfür spricht, daß in Pap. Hib. 89; 90; 91; Amh. 43[4] wohl auch be-

---

[1] Für dieses cf. natürlich auch das Edikt des Tib. Jul. Alexander CJGr. 4957 Z. 15 ff.

[2] Zu dieser Urkunde: Mitteis, Sav. Z. Bd. 26 S. 488 f.; Wilcken, Archiv f. Pap.-F. Bd. III S. 523 f.; P. M. Meyer, Klio Bd. VI S. 436; Rabel, Sav. Z. Bd. 28 S. 326; Taubenschlag, Archiv f. Pap.-F. Bd. IV S. 33 f.; Partsch l. c. S. 13 Anm. 3; Pappulias l. c. S. 28 zu Anm. 44.

[3] Es bedarf kaum der Erwähnung, daß das πρόσταγμα Teb. I 5 Z. 255 bis 264 nicht etwa als Beleg für die Zulässigkeit privater Exekutionshaft aufgefaßt werden darf. Das Dekret richtet sich, wie Wenger (Archiv f. Pap.-F. Bd. II S. 496 ff.) auseinandergesetzt hat, gegen den Mißbrauch der Amtsgewalt seitens der Strategen und anderer Beamten. Wengers Erklärung möchte ich nur insoweit nicht folgen, als er annimmt, daß mit den Worten πρὸς ἴδιον ὀφείλημα κτλ. allgemein Privatforderungen gemeint sind. M. E. wird in diesem πρόσταγμα nur an Forderungen gedacht, die den betreffenden Beamten zustehen — anderenfalls würde man wohl auch eher ἰδιωτικὸν ὀφείλημα erwarten — und bei deren Geltendmachung sie sich Übergriffe haben zuschulden kommen lassen. So auch P. M. Meyer, Klio Bd. VII S. 290 Anm. 3. A. A. Bouché-Leclercq l. c. Bd. IV S. 165 zu Anm. 1.

[4] Hier in Amh. 43 heißt es Z. 12 ff.: ἡ πρᾶξις ἔστω τῷ δεῖνι . . .

züglich der Personalvollstreckung schlechthin von *πρᾶξις κατὰ τὸ διάγραμμα* ohne jede nähere Bestimmung die Rede ist in Verbindung mit der Tatsache, daß die öffentliche Exekutionshaft in Hib. 34; 73 als eine solche *πρᾶξις* bezeichnet wird. Zwingend ist dieser Schluß nicht. A priori wäre ja denkbar, daß das *διάγραμμα* für verschieden geartete Ansprüche verschiedene Formen der Personalexekution kannte, z. B. daß im Gegensatz zu der durch Hib. 34, 73 bezeugten öffentlichen Haft zwecks Realisierung eines Herausgabeanspruchs die Personalexekution wegen eines Anspruchs auf Zahlung darin bestand, daß der Schuldner zum Abarbeiten der Schuld gezwungen werden konnte. Da wir meines Wissens für die Ptolemäerzeit keinen sicheren Beleg für die öffentliche Schuldhaft wegen eines auf Zahlung gerichteten obligatorischen Anspruchs haben, ist diese Möglichkeit nicht gänzlich auszuschließen. Doch scheint mir eine derartige Differenzierung der Exekutionsform bei der Personalvollstreckung sehr wenig wahrscheinlich, namentlich im Hinblick auf BGU. IV 1138, wo wir, wie wir oben[1] sahen, die Exekutionshaft im *δεσμωτήριον* auf Grund eines Zahlungsanspruchs für das Jahr 19/18 a. Chr. bezeugt finden. Daß dem die *πρᾶξις* regelnden *διάγραμμα* sogleich mit der Konstituierung Ägyptens zur römischen Provinz die Geltung entzogen worden wäre, werden wir um so weniger anzunehmen brauchen, als wir in den aus den ersten Jahrzehnten der Römerherrschaft stammen-

---

πράσσοντι κατὰ τὸ διάγραμμα καὶ τοὺς νόμους. Von den oben zitierten Urkunden wurden nur in Amh. 43 in der *πρᾶξις*-Formel Person und Vermögen des Schuldners als Exekutionsobjekte nebeneinander genannt. In Hib. 89, 90, 91 lautet die Formel: *ἡ πρᾶξις ἔστω τῷ δεῖνι* (Gläubiger) *παρὰ τοῦ δεῖνος* (Schuldner) *πράσσοντι κατὰ τὸ διάγραμμα.* Ebenso in Hib. 92 (Gestellungsbürgschaft). In Hib. 88 ist die Formel leider sehr verstümmelt, so daß nicht zu entscheiden ist, ob sie sich auch auf Personalexekution bezieht.

[1] S. 34 f.

den *συγχωρήσεις* mehrere Beispiele dafür haben, daß auf das *διάγραμμα* Bezug genommen wird.[1] Ich möchte daher annehmen, daß es sich auch in BGU. IV 1138 um eine *πρᾶξις κατὰ τὸ διάγραμμα* handelt.

Wenn wir hiernach davon ausgehen, daß nach dem *διάγραμμα* die Personalexekution einheitlich, ohne Spezialisierung nach der Natur der zu erzwingenden Leistung, ausgestaltet war, so soll damit selbstverständlich nicht in Abrede gestellt werden, daß möglicherweise für besondere Fälle, wie z. B. die Gestellungsbürgschaft,[2] besondere Normen bezüglich der Personalvollstreckung bestanden haben.

Ob und inwieweit eine von der *πρᾶξις κατὰ τὸ διάγραμμα* abweichende Exekution gegen die Person des Schuldners vertragsmäßig vereinbart werden konnte, ist eine schwer zu beantwortende Frage. Daß die Normen des *διάγραμμα* über die *πρᾶξις* bei Privatansprüchen zum mindesten teilweise dispositiver Natur waren, darf m. E. aus der Vereinbarung der *πρᾶξις πρὸς βασιλικά* gefolgert werden, die wir in mehreren Urkunden finden.[3] Nach Grenfell-Hunt[4] sind die Worte *πρὸς βασιλικά* in Verbindung mit *πρᾶξις* bzw. *πράττειν* only a rather more general equivalent of *κατὰ τὸ διάγραμμα*. Richtiger scheint mir, mit Bouché-Leclercq[5] auf Grund von Pap. Petr. I, 16(2): *ἡ πρᾶξις*

---

[1] BGU. IV 1053 Z. 38; 1054 Z. 11; 1055 Z. 33; 1115 Z. 32; 1145 Z. 13, 38; 1146 Z. 21; 1147 Z. 19; 1150 Z. 21; 1151 Z. 15, 37; 1156 Z. 21. cf. auch 1118 Z. 21; 1119 Z. 45. Die von Tib. Julius Alexander genannte Konstitution des Augustus kann der Weitergeltung des *διάγραμμα* nicht entgegengestanden haben, wenn sie sich auf die cessio bonorum bezog, wie oben S. 31 angenommen wurde. cf. unten S. 44.

[2] cf. Lond. II 220 (S. 6).

[3] Petr. I, 16 (2); Hib. 94, 95, 124, 126. In Hib. 93 wird die *διάγνωσις πρὸς βασιλικά* vereinbart; hierzu Partsch l. c. S. 212.

[4] Pap. Hib. S. 262 Anm. zu Nr. 93 Z. 10, 11.

[5] l. c. Bd. IV S. 161 zu Anm. 1 und Anm. 1. cf. Mitteis, Röm. Privatrecht Bd. I S. 17 Anm. 49.

ἔστω ὡς πρὸς βασιλικά anzunehmen, daß in Privatkontrakten diese Klausel besagt, die Exekution solle erfolgen comme pour les créances royales, daß sie demnach in diesen Fällen dazu dient, auf private Ansprüche die für staatliche Ansprüche geltenden Exekutionsnormen zur Anwendung zu bringen.[1, 2] Ob darüber hinaus die Parteien beliebig Abweichungen von der gesetzlichen Exekution vereinbaren konnten, ist nicht zu erkennen, ist aber bei dem Fehlen jedweder Zeugnisse[3] m. E. sehr unwahrscheinlich. Daß das ἀγώγιμον εἶναι des Schuldners

---

[1] Daß sich diese Klausel auch auf Personalexekution bezieht, ist m. E. mit Bouché-Leclercq l. c. Bd. IV S. 161 ff. anzunehmen. Es ist dabei zu beachten, daß auch die Personalvollstreckung wegen staatlicher Ansprüche in öffentlicher Haft besteht. cf. Bouché-Leclercq l. c. S. 263, insbes. Anm. 2. Der Vorteil, den die πρᾶξις ὡς πρὸς βασιλικά dem Gläubiger bringt, besteht daher, was die Personalexekution anlangt, vielleicht lediglich in einer Erleichterung der Exekutionseinleitung. Bezüglich der Vermögensexekution mag die Vereinbarung von größerer Bedeutung sein.

[2] Auf eine m. E. nicht uninteressante Parallele zu der oben genannten Klausel, die das Recht der Coutumes der Bretagne bietet, sei hier hingewiesen. D'Argentré, Commentarii in consuetudines Ducatus Britanniae (Paris 1660) bemerkt zu Art. 117 (S. 443), es sei üblich gewesen, in Privatkontrakte die Bestimmung aufzunehmen, die Exekution solle erfolgen comme pour les deniers du Roy. Zweck dieser Klausel war die Ermöglichung der Personalexekution, die nach der Ordonnanz Ludwigs des Heiligen v. J. 1256 nur wegen staatlicher Ansprüche zulässig sein sollte: neque nobis certior nexus quam cum sub hac forma concepta est obligatio „comme pour les deniers du Roy". Über die Interpretation, die die genannte Ordonnanz erfahren hat, cf. Viollet, Établissements de Saint Louis Bd. I S. 228; Kohler, Shakespeare S. 66; Brissaud, Manuel d'histoire du droit français S. 1470 Anm. 1.

Eine Parallelerscheinung findet sich ferner im langobardischen Recht, worauf mich Herr Professor Ernst Mayer freundlichst aufmerksam macht. cf. Mayer, Italienische Verfassungsgeschichte Bd. II S. 263, 264; 553.

[3] Höchstens könnte man Hib. 84 (a) v. J. 285/284 (cf. Rubensohn, Pap. Eleph. S. 22) anführen wollen. Es wird kein Zufall sein, daß in dieser Urkunde, in der dem Gläubiger die schrankenloseste Willkür bezüglich der Exekution zugestanden wird (cf. Partsch l. c. S. 227), die πρᾶξις-Klausel

nicht allgemein als Einleitungsform der Personalexekution stipuliert werden konnte, haben wir oben[1] gesehen.

Wie die Einleitung der Personalexekution im διάγραμμα geregelt war, wie insbesondere die Kompetenzen der uns bezeugten Exekutionsbehörden: des ἐπιστάτης τῆς κώμης,[2] des ξενικῶν πράκτωρ[3] und ἰδιωτικῶν πράκτωρ[4] gegeneinander abzugrenzen sind, braucht hier nicht untersucht zu werden. Wichtig für uns ist lediglich die Tatsache, daß die Personalexekution, soweit wir sehen, stets unter behördlicher Intervention erfolgt, wie am klarsten aus Hib. 34; 73 (πρόσταγμα des ἐπιστάτης) hervorgeht. Widerspricht dem aber nicht die ἔντευξις Pap. Lille 7? Wenn hier der Gläubiger seinen Schuldner, der ihm ein Depositum nicht zurückgibt, ohne weiteres durch einen Phylakiten, einen Polizeidiener, verhaften und in das δεσμωτήριον abführen läßt, also eigenmächtig — daß der Phylakite nicht selbständige Exekutionsbehörde ist, ist klar — in dieser Weise gegen den Schuldner vorgeht, so darf bei der Beurteilung dieses Tatbestands nicht außer acht gelassen werden, daß hier ein pönales Moment hineinspielen kann.[5] Ich halte es für sehr gut möglich, daß es sich bei dieser Verhaftung überhaupt nicht um Exekution handelt, sondern daß der Gläubiger die Verhaftung deshalb veranlaßt, weil er seinen Schuldner im Verdacht hat, die deponierten βυβλάρια beiseite geschafft zu haben. Die Verhaftung durch den Phylakiten auf

---

sich nur auf die Vermögensvollstreckung bezieht. Doch wissen wir nicht, ob das διάγραμμα zur Zeit der Abfassung dieser Urkunde bereits erlassen war.

[1] S. 29.

[2] Hib. 34; 73. cf. oben S. 33.

[3] Rein. 7 Z. 35. cf. Teb. I 5 Z. 221 ff. Durch Magd. 41 Z. 5 ist der ξενικῶν πράκτωρ schon für das 3. vorchristliche Jahrhundert bezeugt.

[4] Hib. 34 Z. 7.

[5] cf. auch Partsch l. c. S. 84 Anm. 2.

Veranlassung des Gläubigers in Lille 7 wäre dann etwa auf eine Linie zu stellen mit der Verhaftung, von der m. E. in Pap. Magd. 33 Z. 5 die Rede ist.[1] Für die Lehre von der Personalexekution ist daher meiner Meinung nach Pap. Lille 7 nur mit großer Vorsicht zu verwerten. Jedenfalls darf aus dieser Urkunde allein gegenüber so deutlichen Zeugnissen wie Hib. 34; 73 nicht die Zulässigkeit der Privatexekution gegen die Person[2] des Schuldners gefolgert werden.

Was folgt aus den bisherigen Ausführungen für die Personalexekution auf Grund der Exekutivurkunde? Unter den Ur-

---

[1] Magd. 33 ist eine Klage auf Schadenersatz wegen Körperverletzung. Die hier interessierende Stelle lautet: ταῦτα εὑροῦσα πα[ρ]έδωκα Νεχθόσιρι τῶι ἀρ[χι]φυλακίτηι τῆς κώμης κτλ. Die Editoren übersetzen, allerdings zweifelnd: Je fis un rapport à N. Ebenso Sudhoff, Ärztliches aus griechischen Papyrusurkunden S. 90: „Diesen Tatbestand habe ich dem Archiphylakites gemeldet.“ Ich möchte eher annehmen, daß als Objekt zu dem παρέδωκα ein αὐτόν (den Beklagten) hinzuzudenken ist. So wird m. E. verständlich, warum nach dem Petit Z. 6 ff. der Stratege den ἐπιστάτης τῆς κώμης und den Z. 5 genannten Nechthosiris beauftragen soll, den Beklagten ἀναγαγεῖν ἐφ' αὐτόν, während in zahlreichen Parallelurkunden nur der ἐπιστάτης τ. κ., nie der Archiphylakite genannt wird. cf. z. B. Pap. Magd. 24 Z. 11; 25 Z. 5, 6; 27 Z. 5; 28 Z. 6, 7; 34 Z. 3, 4; 35 Z. 9; 39 Z. 9. Pap. Magd. 19, wo ebenfalls der Archiphylakite genannt ist, wird in derselben Weise zu erklären sein. cf. Wilcken, Archiv f. Pap. F. Bd. IV S. 52. Zu παραδιδόναι cf. BGU. IV 1061 Z. 18.

[2] Wie steht es bei der Vermögensexekution? Ist der Gläubiger nach ptolemäischem Exekutionsrecht zum eigenmächtigen ἐνεχυράζειν befugt, wie nach klassisch-griechischem Recht (cf. Mitteis, Reichsrecht und Volksrecht S. 413 f., insbes. 413 Anm. 2; Hitzig, Griech. Pfandrecht S. 56 ff.; Beauchet, Histoire du droit privé de la république Athénienne Bd. III S. 226 ff.; Pappulias l. c. S. 100 f.)? Die Frage bedarf eingehender Untersuchung. Für ihre Bejahung spricht vielleicht Pap. Lille 8; cf. insbes. Z. 10: οὐδὲν ὀφείλοντος ἐμοῦ αὐτῶι. Ferner Pap. Hib. 63. Von besonderem Interesse für die Lehre von der Pfändung ist Hib. 32, falls die Ergänzung der Editoren in Z. 17: ἐξωμό[σα]το zutrifft; wir haben dann hier eventuell eine Parallele zu dem in der Astynomeninschrift von Pergamon bezeugten „Ausschwören“ der gepfändeten Sache, cf. Hitzig, Sav. Z. Bd. 26 S. 439 u. 483.

kunden, die wir als Belege für die Personalexekution heranziehen konnten, ist keine einzige, in der eine Exekutivurkunde als Exekutionstitel sicher nachweisbar wäre: im Falle Hib. 34; 73 ist dies ohne weiteres klar; in BGU. IV 1138 und Oxy. II 259, ebenso, falls hierher gehörend,[1] in Petr. II, XIX, 2 (S. 60) ist sehr wohl Urteil oder Anerkenntnis als Grundlage der *πρᾶξις* denkbar, und endlich ist es auch im Falle des Pap. Rein. 7 m. E. keineswegs erforderlich, sich das *χειρόγραφον* (cf. Z. 8, 14, 22, 32), auf Grund dessen der Petent die *πρᾶξις* befürchtet, als mit der *καθάπερ ἐκ δίκης*-Klausel ausgestattet vorzustellen.[2] Und vollends wäre es eine durch nichts gestützte Hypothese, wollte man in Pap. Lille 7 ein Beispiel für Personalexekution auf Grund einer Exekutivurkunde sehen; denn wenn es sich hier wirklich um Vollstreckung handelte, so wäre doch möglich, daß ein Urteil vorausgegangen ist, auch wenn dessen in der Urkunde keine Erwähnung geschieht.

Unmittelbaren Aufschluß über die Personalexekution *καθάπερ ἐκ δίκης* können uns daher unsere Urkunden nicht geben, doch sind sie m. E. mittelbar für deren Erkenntnis von Bedeutung, insbesondere wohl auch, was die Frage anlangt, ob bei dieser Exekution eine behördliche Intervention erforderlich war oder nicht.[3,4] Wir müssen nämlich meiner Ansicht nach,

---

[1] cf. oben S. 34.

[2] Anders, wenn ich ihn recht verstehe, Pappulias l. c. S. 25 zu Anm. 33.

[3] Auf die Bedeutung dieser Frage hat Wenger mehrfach hingewiesen: Archiv f. Pap.-F. Bd. II S. 53 Anm. 2; Bd. IV S. 197.

[4] Für die Kaiserzeit könnte die Antwort auf diese Frage nicht zweifelhaft sein. Wenn wir sehen, daß in dieser Periode weder bei Vollstreckung in ein Konventionalpfand noch bei Zwangsvollstreckung in das Vermögen des Schuldners private Exekution stattfindet, der Gläubiger vielmehr stets der behördlichen Mitwirkung bedarf (cf. Wenger, Gött. Gel. Anz. 1907 S. 311; Koschaker, Sav. Z. Bd. 29 S. 43), so können wir eigenmächtige Personalexekution getrost für ausgeschlossen erklären. Zudem lehrt BGU.

solange nicht das Gegenteil nachgewiesen ist, annehmen, daß die Exekutivklausel nicht zu einer von der regulären, nach rechtskräftigem Urteil eintretenden Exekution abweichenden Vollstreckung führt, sondern daß sie lediglich den Beginn des Exekutionsverfahrens verschiebt. Die Worte καθάπερ ἐκ δίκης oder, wie es in der ältesten dieser Urkunden, Pap. Eleph. Nr. 1 v. J. 311/10 heißt: καθάπερ ἐκ δίκης κατὰ νόμον τέλος ἐχούσης[1] weisen m. E. mit aller Deutlichkeit hierauf hin.[2]

Das Ergebnis der vorstehenden Erörterungen möchte ich dahin zusammenfassen: Nach dem heutigen Quellenstande ist wahrscheinlich, daß die reguläre[3] Personalexekution nach ptolemäischem Prozeßrecht, mag sie auf Grund eines Urteils bzw. Anerkenntnisses oder einer Exekutivkunde erfolgen,

1. unter behördlicher Intervention eingeleitet wird, und
2. in öffentlicher Haft besteht.

Das gleiche gilt von der Personalexekution zur Zeit unserer alexandrinischen συγχωρήσεις. Nochmals[4] sei betont, daß die im Edikt des Tib. Julius Alexander genannte βούλησις des Augustus dem nicht entgegensteht. Zwei Möglichkeiten bestehen:[5] hat die Konstitution des Augustus die cessio bonorum in Ägypten eingeführt, so haben wir überhaupt keinen Anlaß,

---

II 578, daß die Exekutivurkunde keineswegs zu sofortiger Vollstreckung, sondern zu einem Mahnverfahren führt. Hierüber Koschaker l. c. S. 22ff. cf. ferner Fior. 61 Z. 59—61; der Wendung μὴ αὐτὸν (den Schuldner) κατάσχῃς in Fay. 109 Z. 11; BGU. IV 1064 Z. 10, 11 — sie begegnet übrigens auch in der ptolemäischen Urkunde Lille 18 — ist m. E. keine entscheidende Bedeutung beizulegen; ebensowenig Amh. II 144 Z. 4, 5.

[1] Dazu Wenger, Gött. Gel. Anz. 1909 S. 315. Zur Geschichte der Exekutivklausel cf. außer Mitteis, Reichsrecht S. 401ff. Partsch l. c. S. 224ff. und Rabel, Verfügungsbeschränkungen S. 38.

[2] Dies ist wohl auch die Auffassung von Bortolucci, Bull. dell' ist. di dir. rom. Bd. XIX S. 298.

[3] oben S. 39 zu Anm. 2.

[4] oben S. 39 Anm. 1. [5] oben S. 31.

an der fortdauernden Haltung der die Personalexekution betreffenden Bestimmungen des *διάγραμμα* in frührömischer Zeit zu zweifeln; wollte sie, was gegenüber BGU. IV 1138 und Oxy. II 259 unwahrscheinlich ist, die Personalexekution wegen privater Ansprüche abschaffen, so sehen wir aus den beiden eben genannten Urkunden,[1] daß die Gesetzgebung hier dem tatsächlichen Rechtsleben gegenüber machtlos war und sich nicht durchzusetzen vermochte.

Wenden wir uns nunmehr den alexandrinischen Urkunden wieder zu und fragen wir nach dem Verhältnis des in unseren *συγχωρήσεις* gegen die *Πέρσαι τῆς ἐπιγονῆς* vereinbarten Verfahrens zur *πρᾶξις καθάπερ ἐκ δίκης*, so ist zunächst zu bemerken: nach dem Wortlaut der *ἀγώγιμος-συνέχεσθαι*-Klausel dürfte es ausgeschlossen sein, daß in dieser Klausel an eine Haft des Schuldners gedacht wird, die der *πρᾶξις* gegen die Person des Schuldners vorausgeht. Das *συνέχεσθαι* soll dauern *μέχρι τοῦ ἐκτεῖσαι*,[2] bis zur Erfüllung: die Haft soll zweifellos den Schuldner zur Erfüllung zwingen, ist also Exekution, nicht etwa lediglich ein der Personal-*πρᾶξις* vorhergehender, deren Vollzug sichernder Personalarrest.

Bezieht sich unsere Klausel demnach auf Exekution, so sind jetzt, da sie, wie schon oben gesagt,[3] unmöglich nur eine Umschreibung der Personal-*πρᾶξις* darstellen kann, m. E. zwei Möglichkeiten gegeben. Entweder ist die Klausel gegenüber der *πρᾶξις*-Formel unselbständig oder selbständig, mit anderen Worten: entweder ist das vereinbarte Verfahren lediglich eine modifizierte *πρᾶξις κ. ἐ. δ.* gegen die Person des Schuldners — die beiden Bestandteile der Klausel müssen dann die Modifikationen der regulären Personalvollstreckung enthalten — oder

[1] wie natürlich auch aus dem Edikt des Tib. Julius Alexander.

[2] cf. oben S. 27 BGU. IV 1054 Z. 10.

[3] S. 30.

das παραχρῆμα ἀγώγιμον εἶναι und das daran sich anschließende συνέχεσθαι stellen, für sich genommen, eine besondere, nur gegen die Πέρσαι zulässige Form der Personalexekution dar, so daß dann also dem Gläubiger in unseren Urkunden, was die Personalvollstreckung anlangt, zwei Exekutionsmodi zu Gebote stünden: einmal die privilegierte Vollstreckungsform gemäß der ἀγώγιμος-συνέχεσθαι-Klausel und außerdem die reguläre πρᾶξις καθάπερ ἐκ δίκης.

Die Frage, welche dieser beiden Alternativen zutrifft, scheint mir wichtig. Weniger wegen der Erklärung des ἀγώγιμον εἶναι als wegen der des συνέχεσθαι. Der Ausdruck συνέχεσθαι ist ja an sich farblos, er bedeutet: „in Haft gehalten werden" ohne irgendwie einen Schluß auf die Art der Haft (ob öffentliche oder private Haft) zu gestatten.[1] Haben wir es nun lediglich mit einer qualifizierten πρᾶξις zu tun, so müssen wir bei dem Fehlen jedes das συνέχεσθαι erläuternden Zusatzes davon ausgehen, daß die Art des Haftvollzugs hier die gleiche ist, wie bei der regulären πρᾶξις, und daß demnach — denn für ganz bedeutungslos wird man das συνέχεσθαι μέχρι τοῦ ἐκτεῖσαι kaum halten wollen — das differenzierende Moment in der Dauer der Haft[2] zu suchen ist.

Diese Notwendigkeit entfällt, handelt es sich um eine selbständige, neben die πρᾶξις κ. ἐ. δ. gestellte Form der Personalexekution.

Zugunsten der ersteren Alternative könnte der Umstand geltend gemacht werden, daß die ἀγώγιμος-Klausel, soweit wir sehen, stets in Verbindung mit der πρᾶξις καθάπερ ἐκ δίκης

[1] Bedürfte dies eines Beweises, so könnte auf Teb. I 5 Z. 260 verwiesen werden.

[2] Über die Dauer der Haft bei der πρᾶξις wissen wir nichts Sicheres; anderenfalls würde sich unsere Untersuchung erheblich vereinfachen.

auftritt, doch wäre der Schluß hieraus auf eine innere Zusammengehörigkeit der ἀγώγιμος- und der πρᾶξις-Formel und demgemäß auf die Unselbständigkeit unserer Klausel und deren die reguläre πρᾶξις bloß modifizierende Bedeutung m. E. übereilt. Schon die Fassung der Klausel spricht gegen die Notwendigkeit dieses Schlusses. Ἀγώγιμος muß eine technische Bedeutung haben — auch bei der regulären πρᾶξις gegen die Person des Schuldners findet ja ein ἄγειν statt und trotzdem ist der Schuldner nicht ἀγώγιμος — und so wird mit diesem Terminus die Form der Exekutionseinleitung völlig bestimmt sein. Die Formel bringt also Einleitung wie Vollzug der Exekution erschöpfend zum Ausdruck, vorausgesetzt, daß das ἀγώγιμον εἶναι zur Charakterisierung des συνέχεσθαι verwendet werden kann; unter dieser, wie wir sehen werden, zutreffenden Voraussetzung ist sie aber sicherlich sehr wohl als selbständige denkbar. Des weiteren ist natürlich der Schluß aus dem regelmäßigen Nebeneinanderstehen der beiden Formeln auf die Unselbständigkeit der ἀγώγιμος-Klausel dann nicht zwingend, wenn sich auch bei deren selbständiger Bedeutung eine plausible Erklärung dafür geben läßt, daß neben ihr stets die πρᾶξις κ. ἐ. δ. vereinbart wird. Dies ist m. E. der Fall.

Positive Argumente für die Selbständigkeit unserer Klausel sind einmal die Stellung der πρᾶξις-Formel in den oben S. 28 Anm. 3 zitierten Urkunden (doch möchte ich hierauf kein allzu großes Gewicht legen) und sodann ihre Beschränkung auf alexandrinische Kontrakte[1] mit Πέρσαι τῆς ἐπιγονῆς, die m. E.,

[1] Bisher ist sie nur in συγχωρήσεις bezeugt. Die Feststellung, ob die ἀγώγιμος-Formel z. B. auch in alexandrinische Homologien aufgenommen werden konnte, wäre wichtig. Sollte sie auf συγχωρήσεις beschränkt gewesen sein, so könnte man daran denken, daß dies im Zusammenhang damit steht, daß, wie Schubart l. c. gezeigt hat, die συγχώρησις ursprünglich Prozeßvergleich gewesen ist.

wie immer sie zu erklären sein mag, auf eine von der regulären πρᾶξις prinzipiell verschiedene, sich nicht bloß durch die Form der Einleitung und Dauer der Haft von ihr unterscheidende Exekution hinweist. Daß daneben stets die πρᾶξις-Formel steht, läßt sich aus verschiedenen Gesichtspunkten erklären. Man könnte daran denken, daß durch die καθάπερ ἐκ δίκης-Klausel das Recht des Gläubigers, ohne Urteil gegen den Schuldner vorzugehen, das wohl schon in dem παραχρῆμα[1] ἀγώγιμον εἶναι zum Ausdruck kommt, noch besonders hervorgehoben werden soll, oder daß man die καθάπερ-Formel in erster Linie wegen ihrer Beziehung auch auf die Vermögensexekution einfügte, oder endlich, was m. E. das Wahrscheinlichste ist, daß ihr Zweck darin bestand, dem Gläubiger die Wahl zwischen den beiden Exekutionsformen zu eröffnen.[2]

Fragen wir jetzt nach der Ausgestaltung der Exekution auf Grund der ἀγώγιμος-Klausel, so müssen wir wegen der Unbestimmtheit des συνέχεσθαι zunächst die Bedeutung des ἀγώγιμον εἶναι festzustellen suchen.

In den Papyri kommt der Terminus ἀγώγιμος mit Bezug auf Exekution außer in unseren Urkunden m. W. nirgends

---

[1] So beginnt die Klausel meistens. Das παραχρῆμα fehlt in BGU. IV 1106, 1133, 1142, 1143, 1145 Z. 41, 1146, 1151, 1156, doch scheint es mir zweifelhaft, ob man hierauf großes Gewicht wird legen dürfen. Da wir es lediglich mit Urkundsentwürfen zu tun haben (cf. Schubart, Archiv f. Pap.-F. V S. 42ff.; Gerhard l. c. Sp. 2462), ist diese Abweichung vielleicht nur flüchtiger Stilisierung zuzuschreiben.

[2] Damit, daß es sich um zwei verschiedene Exekutionsformen handelt, hängt vielleicht zusammen, daß in der Cessionsurkunde Oxy. II 271 (oben S. 29 Anm. 2) von πρᾶξις καὶ κομιδή gesprochen wird. Sollte dies lediglich Pleonasmus sein? In Oxy. II 272 und, nach freundlicher Mitteilung von Herrn Dr. Schubart, in der alexandrinischen Urkunde Inv. Nr. 122 III (cf. Archiv f. Pap.-F. Bd. V S. 55 Anm. 2) ist nur von πρᾶξις die Rede.

vor[1,2], doch ist er dem griechischen Exekutionsrecht bekannt. Es wird sich daher darum handeln, ob wir die Bedeutung, die ihm im griechischen Recht zukommt, auch in unseren συγχωρήσεις unterstellen dürfen.

Die Fragen der altgriechischen Personalexekution sind eingehend zuletzt von SWOBODA[3] behandelt worden. Bezüglich des ἀγώγιμον εἶναι des Schuldners[4] entnehme ich seinen Ausführungen folgendes: Ἀγώγιμος ist, ὃν ἄγειν ἔστι.[5] So ist der κατακείμενος des Rechts von Gortyn, wie aus der Bestimmung Col. I Z. 55—Col. II Z. 2[6] des Gesetzes hervorgeht, ἀγώγιμος;[7] der Gläubiger kann ihn, wie den νενικαμένος, den rechtskräftig verurteilten Schuldner, eigenmächtig ergreifen und in die Schuld-

[1] Zu Lond. II Nr. 220 (S. 6), wo der Gestellungsbürge als χειραγώγιμος bezeichnet wird. cf. oben S. 29.

[2] Er begegnet, soweit ich sehe, außer in den συγχωρήσεις nur noch einmal, nämlich in Rev. Law Col. 44 Z. 11, 17, wo von der Beschränkung der Freizügigkeit der ἐλαιουργοί, der in den königlichen Ölfabriken angestellten Arbeiter, die Rede ist. Der ἐλαιουργός, der dem Verbot zuwider in einen anderen Gau übersiedelt, ist ἀγώγιμος: er kann ergriffen und an die διοικῶν τὴν ὠνήν, den οἰκονόμος und ἀντιγραφεύς eingeliefert werden. WILCKEN, Ostraka I S. 696; BOUCHÉ-LECLERCQ l. c. Bd. III S. 261; MASPERO, Les finances de l'Egypte sous les Lagides S. 70ff.

[3] Beiträge zur griechischen Rechtsgeschichte S. 42ff. Auch in Sav. Z. Bd. 26 S. 190ff. Die folgenden Zitate beziehen sich auf den S. A. Zur griech. Personalexekution neuestens PAPPULIAS l. c. § 5, dessen Darstellung mehrfach (aber nicht bezüglich des ἀγώγιμον εἶναι) von der SWOBODAs abweicht, cf. z. B. S. 23, 24 mit SWOBODA S. 72.

[4] Über das ἀγώγιμον εἶναι bei der Ächtung cf. SWOBODA l. c. S. 20ff.

[5] SWOBODA l. c. S. 44.

[6] [τὸ]ν δὲ νενικαμένο[ν] κα[ὶ τὸν κα]τακείμενον ἄγοντι ἄπατον ἔμεν.

[7] S. 61. cf. auch Recueil des inscriptions juridiques grecques Bd. I S. 450. PAPPULIAS l. c. S. 21 unter II unterscheidet zwei Fälle des κατακείμενον εἶναι, je nachdem der Schuldner sich sogleich mit der Selbstverpfändung in die Gewalt des Gläubigers begibt oder nicht. Nur auf den letzteren Fall bezieht sich nach P. die in Anm. 6 angeführte Gesetzesbestimmung; cf. auch S. 232.

knechtschaft abführen.[1] Diese Befugnis zur eigenmächtigen Exekution besteht auch gegenüber den ἀγώγιμοι des vorsolonischen Schuldrechts, von denen Plutarch[2] und Aristoteles[3] berichten. Die Exekution beginnt mit dem ἄγειν. „Sie spielte sich auf privatem Wege ab; von einem weiteren[4] Eingreifen der Behörde ist keine Spur, der ganze Mechanismus der Exekution, wie er bei den Römern ausgebildet war, ist den Griechen fremd geblieben."[5]

Auch Dem. 53c. Nicostr. § 11 scheint mir für die Klarstellung der Bedeutung des ἀγώγιμον εἶναι wichtig zu sein, wenn es sich hier auch nicht um Personalexekution im strengen Sinne handelt. Die Stelle lehrt, daß der ab hostibus redemptus, zahlt er das Lösegeld dem redemptor nicht zurück, in die durch Zahlung ablösbare Gewalt[6] des redemptor fällt und dessen Zugriff ausgesetzt ist; er wird ἀγώγιμος. An ein behördliche Mitwirkung erforderndes ἄγειν wird man hier ebensowenig denken dürfen, wie bei den Freilassungsurkunden,[7] die die Bestimmung enthalten, daß der bedingt Freigelassene für den Fall der Nichterfüllung der ihm auferlegten Verpflichtungen ἀγώγιμος sein soll.[8] Allen den genannten Fällen ist also gemeinsam, daß der zum ἄγειν Berechtigte dieses ἄγειν eigenmächtig vornehmen kann.

---

[1] cf. auch Partsch l. c. S. 302.

[2] Solon c. 13. [3] Ἀθ. πολ. c. 2.

[4] Swoboda spricht vorher davon, daß — von dem Fall der Selbstverpfändung abgesehen — das ἄγειν nur auf Grund eines Urteils erfolgen kann.

[5] S. 72 (letzte Zeile), 73.

[6] cf. Swoboda l. c. S. 49; Beauchet, Histoire du droit privé de la rép. Athénienne Bd. II S. 415; Partsch l. c. S. 390 Anm. 1; Pappulias l. c. S. 341.

[7] Collitz, Griech. Dialektinschriften Bd. II Nr. 1555[b] Z. 16, 1723 Z. 12, 1878 (= Ditt. Sylloge[2] Nr. 858) Z. 12.

[8] Über die bedingte Freilassung im griechischen Recht cf. außer Mitteis, Reichsrecht S. 387ff. noch Partsch, Sav. Z. Bd. 28 S. 427ff.

Dürfen wir auch in unseren Urkunden das *ἀγώγιμον εἶναι* in dem Sinn verstehen, daß der Gläubiger befugt ist, sich eigenmächtig der Person des Schuldners zu bemächtigen?

Daß zur Zeit, aus der unsere Urkunden stammen, mit dem Terminus *ἀγώγιμος* diese Bedeutung verbunden sein konnte, daß also vom sprachlichen Standpunkt aus der Bejahung unserer Frage nichts entgegensteht, dafür haben wir einen m. E. nahezu zwingenden Beweis: Dionysius von Halicarnass, der zur Zeit unserer Urkunden schrieb,[1] bezeichnet bekanntlich die nexi als *ἀγώγιμοι*[2] und versteht hierunter, wie wir sehen werden, Schuldner, die bei Nichterfüllung dem eigenmächtigen Zugriff der Gläubiger unterliegen.

Daß gegen die Übertragung der Bedeutung, die *ἀγώγιμος* im griechischen Recht hat, auf unsere alexandrinischen Urkunden gewichtige Bedenken sprechen, läßt sich nicht verkennen. Das *παραχρῆμα* unserer Klausel[3] kann wohl kaum anders gedeutet werden, als daß der Gläubiger dadurch der Notwendigkeit überhoben werden soll, ein Urteil gegen den Schuldner zu erwirken, und gerade dies würde die Befugnis zur eigenmächtigen Exekution als besondere Härte für den Schuldner erscheinen lassen. Dazu kommt, daß die Ansprüche, um deren Realisierung es sich handelt, keineswegs sämtlich liquide sind, so daß in diesen Fällen[4] schon die Exekutivklausel auffallend ist.[5]

Trotzdem drängt zu dieser Annahme der Vergleich mit der Exekutionseinleitung bei der *πρᾶξις καθάπερ ἐκ δίκης*. Worin soll der Unterschied bestanden haben, wenn auch unsere

---

[1] cf. Pauly-Wissowa Bd. IX Sp. 934.

[2] Dionys V 64, V 69, VI 37.

[3] cf. oben S. 48 Anm. 1.

[4] z. B. BGU. IV 1106, 1116—1119, 1122, 1133, 1142, 1143.

[5] Brassloff, Zur Kenntnis des Volksrechts S. 1 ff.; Partsch l. c. S. 224.

privilegierte Exekution unter behördlicher Mitwirkung eingeleitet werden mußte? Etwa in der Verschiedenheit des Exekutionsorgans? Es bliebe so unerklärt, warum der Schuldner nicht auch bei der regulären πρᾶξις ἀγώγιμος ist. Das ἄγειν bei der in unseren Urkunden vereinbarten Vollstreckung muß sich von dem bei der regulären πρᾶξις grundsätzlich unterschieden haben und es ist daher m. E. mit Rücksicht auf die Bedeutung des Terminus ἀγώγιμος im griechischen Vollstreckungsrecht gewiß das Nächstliegende, das die Exekutionseinleitung auf Grund der ἀγώγιμος-Klausel charakterisierende Moment in der Ausschaltung der behördlichen Intervention zu erblicken, also dem Gläubiger die Befugnis zuzuschreiben, die Exekution eigenmächtig gegen den Schuldner zu betreiben.

Keinesfalls darf man sich hiergegen auf Oxy. II 281[1] berufen, eine Eingabe an den Archidikastes (20—50p.), in der eine Ehefrau die Rückzahlung ihrer dos verlangt.[2] Das Petit lautet:

Z. 23ff: ἀξιῶ συντάξαι καταστῆσαι αὐτὸν (den Ehemann) ἐπὶ σὲ ὅπως ἐπαναγκασθῇ συνεχόμενος ἀποδοῦναι τὴν [φ]ερνὴν σὺν ἡμιολίᾳ.

Obwohl der Ehevertrag in συγχώρησις-Form errichtet worden ist (cf. Z. 7), und obwohl von ἐπαναγκάζειν durch συνέχεσθαι gesprochen wird, wäre es m. E. verfehlt, hier an das Verfahren auf Grund der ἀγώγιμος-Klausel zu denken, denn einmal ist uns diese in Eheverträgen bisher überhaupt nicht bezeugt, was allerdings Zufall sein könnte, und außerdem fehlt in der Urkunde jedwede Angabe, daß der Ehemann der Petentin Πέρσης τῆς ἐπιγονῆς ist, wie sie zu erwarten wäre, wenn es sich um einen Fall der privilegierten Exekution handelte.

---

[1] Zu dieser Urkunde cf. WENGER, Rechtshist. Papyrusstudien S. 151; KOSCHAKER, Sav. Z. Bd. 28 S. 280; SCHUBART l. c. S. 65.

[2] Die Urkunde ist zusammenzustellen mit BGU. IV 1105 cf. SCHUBART l. c.

Ich glaube daher, daß sich das συνέχεσθαι hier auf die reguläre πρᾶξις bezieht.[1]

Man beachte weiter folgendes: In den aus der Zeit des Augustus stammenden συγχωρήσεις, auch in solchen,[2] die die ἀγώγιμος-Klausel nicht enthalten, begegnet häufig eine Vertragsbestimmung, durch die sich der Schuldner verpflichtet, sich der Exekution weder durch das ἐπιφέρειν von πίστεις[3] noch auf andere Weise zu entziehen. In BGU. IV 1053 ist diese Abrede besonders ausführlich gefaßt; insbesondere verspricht hier der Schuldner μὴ καταφεύξεσθαι ... μηδ' ἐπ' ἄσυλον τόπον μηδ' ἐπὶ λαικὴν βοήθηαν d. h. er werde nicht in ein Asyl[4] flüchten und sich auch nicht mit Hilfe anderer — dies ist wohl der Sinn der λαικὴ βοήθεια — gegen die Vollstreckung wehren. M. E. würde diese Vertragsklausel, die sich, soweit ich sehe, in

---

[1] KOSCHAKER l. c. bezeichnet die Eingabe als Klageschrift. Möglich scheint mir auch, daß es sich um πρᾶξις καθάπερ ἐκ δίκης handelt.

[2] z. B. BGU. IV 1057 Z. 18—32; 1058; 1107; 1108; 1120; 1126.

[3] cf. BGU. 1108 Z. 22; 1118 Z. 49 (ergänzt); 1120 Z. 44; 1126 Z. 20; 1151 Z. 17. Gewöhnlich lautet die Klausel: ἀκύρων οὐσῶν καὶ ὧν ἐὰν ἐπενέγκῃ (der Schuldner) πίστεων πασῶν σκέπης πάσης: BGU. 1054 Z. 14f.; 1055 Z. 38f.; 1056 Z. 24ff.; 1057 Z. 16, 31; 1058 Z. 45f.; 1106 Z. 43f.; 1107 Z. 23; 1115 Z. 36ff.; 1116 Z. 30; 1117 Z. 40f.; 1121 Z. 39f.; 1122 Z. 29f.; 1133 Z. 20; 1136 Z. 8f; ebenso in 1142—1147; 1149—1151.

Was ist unter diesen πίστεις zu verstehen? Man wird sie zusammenhalten müssen mit den in Leid. A. Z. 29f., Rein. 18 Z. 31; Teb. I 41 Z. 12, 34—36 genannten πίστεις, Urkunden, die in diesen drei Fällen vom Strategen ausgestellt werden und die Schutz gegen Exekution zu bieten scheinen. cf. WILCKEN, Archiv III S. 525f. Jetzt auch MANIGK, Sav. Z. Bd. 30 S. 309, 316 oben (m. E. nicht zutreffend. Der Stratege, nicht der Gläubiger soll die π. ausstellen). Auch BGU. IV 1139 Z. 8 gehört vielleicht in diesen Zusammenhang.

[4] cf. PREISIGKE, Pap. Str. I S. 164f.; OTTO, Priester und Tempel Bd. II S. 298ff.

dieser Form[1] nur noch in BGU. IV 1156 findet, sehr gut zu der Annahme privater Exekution passen.[2]

Wie gestaltet sich dann das συνέχεσθαι? Von unserem Standpunkt aus, daß das Exekutionsverfahren unserer Urkunden nicht lediglich eine modifizierte πρᾶξις κ. ε. δ. ist, kann a priori nicht nur an Schuldhaft im δεσμωτήριον, sondern auch an private Schuldhaft gedacht werden. Die Quellen lassen uns in dieser Frage im Stich. Es ist jedoch zu beachten, daß das für sich allein unbestimmte συνέχεσθαι, entfällt die Anlehnung unserer Klausel an die πρᾶξις-Formel, durch das vorausgehende ἀγώγιμον εἶναι charakterisiert sein muß. Und diese Charakterisierung ist dann, aber wohl auch nur dann gegeben, wenn das ἄγειν des Gläubigers ein ἄγειν ὡς αὐτόν ist, wie bei dem Verfahren gegen den κατακείμενος im Rechte von Gortyn.[3] Das συνέχεσθαι bestünde dann in Privathaft beim Gläubiger; der privaten Exekutionseinleitung entspräche private Exekutionsdurchführung.

Durch Quellen nachweisen läßt sich dies freilich nicht; daß aber diese Auffassung nahe liegt, daß bei ihr ein Gegensatz zwischen der regulären πρᾶξις und der privilegierten Exekution besteht, der die Beschränkung der letzteren auf Angehörige einer bestimmten Bevölkerungsklasse verständlich macht, dürfte unleugbar sein.

---

[1] In BGU. IV 1156 teilweise ergänzt. Ausdrücklich findet sich das Versprechen, kein Asyl aufzusuchen, außer in BGU. IV 1053 und 1156 in keiner der übrigen συγχωρήσεις, doch wäre möglich, daß sich auch die Klausel in ihrer kürzeren Fassung hierauf mitbezieht. cf. Partsch l. c. S. 291 Anm. 5. Beachtenswert ist immerhin die besondere Hervorhebung der λαικὴ βοήθεια.

[2] Auch auf die kürzlich edierte Urkunde BGU. IV 1145 V. sei hingewiesen, die einen Darlehensvertrag enthält, bei dem für die Schuldner Gestellungsbürgschaft übernommen wird. Daß die Gestellung an den Gläubiger (Z. 41) zum Zweck des ἄγειν erfolgen soll, beweist Z. 36 (cf. auch Nr. 1146 Z. 17).

[3] Swoboda l. c. S. 62.

Nähere Vermutungen über die Ausgestaltung des *συνέχεσθαι* hier aufzustellen, insbesondere über die Frage, ob der Gläubiger die Arbeitskraft des in seiner Gewalt befindlichen Schuldners für sich verwerten durfte, wäre beim Mangel jedweder sicherer Zeugnisse zwecklos. Nur auf folgendes sei hingewiesen: In der bereits erwähnten, der Sicherung der Vollstreckung dienenden Vertragsklausel in BGU. IV 1053 II Z. 4 ff.[1] verspricht der Schuldner, sich nicht auf ein *πρόσταγμα ἐργασίας* zu berufen. Wir wissen nichts über den Inhalt dieses *πρόσταγμα*, das außer in dieser Urkunde in den bisher publizierten Urkunden m. W. nirgends genannt wird;[2] doch schon kraft ihrer Benennung muß diese Verordnung unser besonderes Interesse erwecken. Wenn es überhaupt erlaubt ist, Vermutungen über sie zu äußern, so könnte man sagen, daß der Name vielleicht an eine dem Schuldner eventuell gewährte Vergünstigung der Schuldabarbeitung denken läßt. Träfe dies, was ja völlig ungewiß ist,[3] zufällig das Richtige, so würde doch keineswegs hieraus folgen, daß mit dem *συνέχεσθαι* an sich ein Arbeitszwang nicht verbunden war. Nur das wäre dann gewiß, daß das *συνέχεσθαι* nicht ipso jure zu einem Abarbeiten der Schuld führte.

Ein Moment, das vielleicht als allerdings nur sehr schwaches

---

[1] Die Klausel lautet vollständig: *μὴ καταφεύξεσθαι ἐπὶ πίστης(=πίστεις) μηδὲ ἐφ' [ἱ]ερὸν μερον* (kann statt *μερον βωμὸν* gelesen werden gemäß Oxy. IV 785; Teb. I 210; cf. Hib. Anm. zu l. 3—5 von Nr. 93?) *μηδὲ ἐφ' ἱκετικὸ[ν] ἀξίωμα μηδὲ ἐπὶ πρόσταγμ[α] φιλανθρώπων ἢ ἐργασίας μηδὲ ἐπ' ἄσυλον τόπον μηδὲ ἐπὶ λαικὴν βοήθηαν μηδ' ἐπ' ἄλλην μηδεμίαν ἁπλῶς σκέπην, ἢ οἷς ἐὰν προσχρήσωνται, ἔστωσαν ἄκυρα.*

[2] Wie mir Herr Dr. Schubart mitteilt, kann in einer noch unpublizierten *συγχώρησις* (jetzt unter Nr. 1156 ediert) auf Grund von BGU. 1053 *πρόσταγμα ἐργασίας* gelesen werden. Auf dieses *πρόσταγμα* wird möglicherweise in BGU. IV 1119 Z. 45 Bezug genommen.

[3] Möglich wäre z. B. auch, daß es sich um ein *πρόσταγμα* analog Teb. I 5 Z. 221 ff. handelt (cf. auch Rein. 18 Ziff. 20—22). cf. jetzt Schubart zu BGU. IV 1156 Z. 26.

Indiz für die Zulässigkeit des Arbeitszwangs gegen den ἀγώγιμος bzw. συνεχόμενος verwertet werden könnte, möchte ich nicht unerwähnt lassen.

In der oben besprochenen Urkunde BGU. IV 1126 findet sich die ἀγώγιμος-Klausel nicht, obwohl die Schuldnerin Περσίνη ist. Nun ist freilich, wie bereits bemerkt wurde, die Aufnahme der ἀγώγιμος-Klausel in den Kontrakt beim Vorliegen der erforderlichen Voraussetzungen keineswegs erforderlich; gerade in dieser Urkunde aber ist das Fehlen der Klausel einigermaßen auffallend, wenn wir die Härte der Vertragsbestimmungen, z. B. die Höhe der bei kontraktswidrigem Verhalten von der Schuldnerin zu zahlenden Vertragsstrafe in Betracht ziehen. Daß die privilegierte Exekution in diesem Fall nicht vereinbart wurde, wäre aber dann befriedigend erklärt, wenn wir annehmen, daß der ἀγώγιμος in die Gewalt seines Gläubigers kam und diesem zu Dienstleistungen verpflichtet war. Denn dann hätte die Exekution auf Grund der ἀγώγιμος-Klausel im wesentlichen zu einem Zustand geführt, wie er in BGU. IV 1126 von vornherein zwecks Amortisierung der Schuld vereinbart war.

Daß hierauf allein nicht einmal eine Vermutung gegründet werden kann, ist klar. So lassen uns also die Papyri über den für uns interessantesten Punkt, die Frage, wie die privilegierte Exekution gegen die Πέρσαι τῆς ἐπιγονῆς, was ihre Durchführung anlangt, ausgestaltet war, im unklaren.[1] Aber

[1] Man könnte höchstens versuchen, folgendermaßen zu argumentieren: Wie die Geschichte der Personalexekution lehrt, ist in vielen Rechtsgebieten die private Haft der öffentlichen Haft als Exekutionsform vorausgegangen und von dieser verdrängt worden, und zwar ist dieser Entwickelungsgang oft mehr durch das Interesse des Gläubigers, für den die private Haft gegenüber der öffentlichen das unbequemere Exekutionsmittel war, als durch die Rücksichtnahme auf das Interesse des Schuldners bestimmt worden. cf Kohler, Shakespeare S. 39; Rintelen, Schuldhaft und Einlager S. 47. Wenn sich nun in Alexandrien noch lange nach Ein-

trotzdem dürfen wir m. E. die Frage aufwerfen, ob nicht die *ἀγώγιμοι* unserer *συγχωρήσεις* mit den Varronischen obaerarii identisch sind, und zwar berechtigten zu dieser Frage einige bisher nur nebenbei erwähnte[1] Stellen, die ebenfalls von *ἀγώγιμοι* handeln, die Stellen bei Dionys von Halicarnass, wo von den römischen nexi gesprochen wird. Diesen müssen wir uns nunmehr zuwenden.

§ 4. Die *ἀγώγιμοι* bei Dionys von Halicarnass.

Die Bedeutung der Geschichte des Dionys für die Erkenntnis altrömischer Institute ist oft und mit Recht angezweifelt worden.[2] Auch bezüglich des nexum.[3] So gering man aber auch den Wert dessen, was uns Dionys über die römischen Schuldnerwirren berichtet, veranschlagen und so skeptisch man diesen Zeugnissen gegenüberstehen mag, insofern sind sie doch jedenfalls von Bedeutung, als wir aus ihnen ersehen können, welche Vorstellung sich der Annalist vom altrömischen Schuldrecht gemacht hat. Und nur auf diese Frage

---

führung der öffentlichen Haft als regulärer Exekutionsform daneben eine vertragsmäßige Form der Personalvollstreckung findet, bei der der Schuldner in die Gewalt seines Gläubigers kam, so möchte man annehmen, daß diese Exekutionsform dem Gläubiger nicht nur das schärfere Zwangsmittel gegen den Schuldner zur Verfügung stellte, sondern ihm auch sonst Vorteile bot, die die gesetzliche Exekution nicht gewährte. Und dies wäre der Fall, wenn der Gläubiger die Arbeitskraft des Schuldners für sich hätte verwerten dürfen.

Natürlich vermag auch diese Erwägung keinen Beweis für die Zulässigkeit des Arbeitszwangs gegen den *ἀγώγιμος* zu erbringen.

[1] oben S. 51 Anm. 2.

[2] Hierzu statt aller: Schwartz bei Pauly-Wissowa Bd. IX S. 934 ff.

[3] cf. Niebuhr, Römische Geschichte, Berichtigte Ausgabe 1853, S. 321 Anm. 1283. Neuerdings neben Pflüger hauptsächlich Binder, Blätter für vergleichende Rechtswissenschaft Bd. II Sp. 385 f.

kommt es uns hier an. Sie soll im folgenden erörtert werden im Anschluß an den Versuch PFLÜGERS[1], den zwischen Livius und Dionys offenbar bestehenden Widerspruch mit der Annahme zu erklären, daß Dionys, bei dem man eine genaue Kenntnis altrömischer Rechtsinstitute nicht erwarten könne, das *δανείζειν ἐπὶ σώμασι* des Rechts seiner Heimat geschildert habe.

Als Indiz dafür, daß der Darstellung des Historikers griechische Rechtsvorstellungen zugrunde liegen, lassen sich wohl zwei Stellen anführen. PFLÜGER hat bereits auf Dionys VI 41[2] hingewiesen, wonach zu vermuten ist, daß nach der Auffassung des Dionys eine außergerichtliche Zwangsvollstreckung nicht nur aus Darlehensverträgen, sondern auch aus anderen Kontrakten möglich war.[3] Deutlicher spricht m. E. Dionys VI 29, wo das Edikt des Servilius angeführt wird:

Ὅσοι ἂν Ῥωμαίων ἐπὶ τὸν κατ' αὐτῶν Οὐολούσκων πόλεμον ἐστρατεύσωσι, τὰς τούτων οἰκίας μηδένα ἐξεῖναι μήτε κατέχειν μήτε πωλεῖν μήτ' ἐνεχυράζειν κτλ.

Man hat das *ἐνεχυράζειν*, für das in dem entsprechenden Bericht des Livius[4] ein korrespondierender Begriff fehlt, auf verschiedene Weise zu deuten versucht.[5] Sollte nicht die einfachste Lösung die sein, daß Dionys hier an das griechische Privatpfändungsrecht gedacht hat?

---

[1] l. c. S. 67—86. cf. dazu MITTEIS, Sav. Z. Bd. 29 S. 501; auch BESELER, Berliner philol. Wochenschrift Bd. 29 (1909) Sp. 622.

[2] *ἀφείσθω πᾶσα μὲν οὐσία, πᾶν δὲ σῶμα, πᾶσα δ' ἐπιτιμία πολίτου Ῥωμαίου ἀρρυσίαστος ἀπὸ δανείου καὶ ἄλλου παντὸς συμβολαίου.*

[3] Dies würde, was wenigstens die Vermögensexekution anlangt, sicher dem Recht der griechischen Exekutivurkunde entsprechen. Zu der Stelle cf. auch KLEINEIDAM l. c. S. 69 Anm. und dazu PFLÜGER l. c. S. 84 Anm. 157.

[4] Der hier in Betracht kommende Passus lautet: II 24, 6 ne quis militis donec in castris esset, bona possideret aut venderet.

[5] Literatur bei PAPPULIAS l. c. S. 218 Anm. 23. Ferner VOIGT, XII Tafeln Bd. II S. 476 Anm., der das *μήτε πωλεῖν μήτ' ἐνεχυράζειν* als neque fiduciae dare erklärt.

Für die Frage, die wir uns gestellt haben, sind zunächst folgende Stellen von Bedeutung:[1]

VI 24: *τῶν συναλλαγμάτων τὰς ἀναπράξεις ἐπιτρέπειν τοῖς δεδανεικόσι ἐφ' οἷς συνέβαλον δικαίοις ποιεῖσθαι.*

VI 29: *Ὅσοι δ' ἂν ἀπολειφθῶσι τῆς στρατείας τὰς κατὰ τούτων πράξεις ὑπάρχειν τοῖς δανεισταῖς, ἐφ' οἷς ἑκάστοις συνέβαλον.*

VI 37: *τοὺς δὲ ἄλλους ἀγωγίμους εἶναι τοῖς δεδανεικόσι ὡς ἑκάστοις συνέβαλον.*

Aus ihnen dürfen wir m. E. folgern, daß Dionys von Verträgen spricht, die irgendwelche Abrede bezüglich der Exekution enthalten. Es fragt sich: wird auf eine Vereinbarung Bezug genommen, die die sofortige Vollstreckbarkeit des Kontrakts zum Inhalt hat?

Dionys V, 69: *Τέως μηδεμίαν εἴσπραξιν εἶναι μήτε συμβολαίου μηδενὸς μήτε καταδίκης μηδεμιᾶς*

legt dies nahe; denn wenn auf der einen Seite das *συμβόλαιον* nach Dionys' Auffassung, wie die *καταδίκη*, das Urteil, zur *εἴσπραξις* berechtigt, also parallel dem Urteil Vollstreckungstitel ist,[2] und andererseits das *συμβόλαιον* eine die Vollstreckung betreffende Bestimmung enthält, so drängt sich die Vermutung auf, daß dies nicht zwei voneinander unabhängige Momente sind, sondern daß der Historiker die sofortige Vollstreckbarkeit als die Folge der genannten Vertragsbestimmung betrachtet.[3]

Dies steht im Widerspruch mit dem, was wir aus VARRO und LIVIUS über das nexum erfahren: einen exekutiven Dar-

---

[1] Über den Zusammenhang, in dem die oben angeführten Stellen stehen, orientieren KLEINEIDAM l. c. S. 62ff.; PAPPULIAS l. c. S. 225ff.

[2] So von den neueren Schriftstellern auch: KLEINEIDAM, Personalexekution S. 68; SENN, Nouvelle revue hist. du dr. français et étranger Bd. XXIX S. 79; PFLÜGER l. c. S. 68; PAPPULIAS l. c. S. 230f.

[3] So auch PAPPULIAS l. c. S. 230.

lehensvertrag kennen diese Schriftsteller nicht. Wie Pflüger diesen Widerspruch zu lösen versucht, wurde bereits gesagt. Dürfen wir ihm darin folgen, daß Dionys, um das nexum zu schildern, das Verfahren auf Grund der hellenistischen Exekutivurkunde beschreibe? Doch nur dann, wenn die *καθάπερ ἐκ δίκης*-Klausel zu einer Vollstreckung führen kann, wie sie uns hier entgegentritt.

Dionys bezeichnet die Schuldner mehrfach als *ἀγώγιμοι*.[1] Was versteht er hierunter? Die Antwort ist der vielbesprochenen Stelle VI 83[2] zu entnehmen.

Drei Kategorien von Schuldnern werden, wie bekannt, hier unterschieden. Die Bestimmung der ersten und dritten macht keinerlei Schwierigkeit. Wer aber sind die, deren *σώματα ὑπερημέρων ὄντων ταῖς νομίμοις προθεσμίαις κατέχεται*? Ohne Zweifel — dies ergibt sich aus dem Gegensatz zur dritten Klasse — Schuldner, die sich nicht nur ohne Urteil, sondern auch ohne addictio in der Gewalt ihrer Gläubiger befinden, denn, wäre eine addictio vorausgegangen, so gälte auch von ihnen: *ἁλόντες παρεδόθησαν*, wie von denen der dritten Gruppe.[3] Sind also die *κατεχόμενοι* nicht addicti, ist demnach nicht die legis actio per manus iniectionem erforderlich gewesen, um sie in die Gewalt ihrer Gläubiger zu bringen,[4] so bleibt nur übrig, daß sie

---

[1] V 64, V 69, VI 37.

[2] *τοὺς ὀφείλοντας χρέα καὶ μὴ δυναμένους διαλύσασθαι πάντας ἀφεῖσθαι τῶν ὀφλημάτων δικαιοῦμεν, καὶ εἴ τινων ἤδη τὰ σώματα ὑπερημέρων ὄντων ταῖς νομίμοις προθεσμίαις κατέχεται, καὶ ταῦτα ἐλεύθερα εἶναι κρίνομεν· ὅσοι τε δίκας ἁλόντες ἰδίας παρεδόθησαν τοῖς καταδικασαμένοις, καὶ τούτους ἐλευθέρους εἶναι βουλόμεθα, καὶ τὰς καταγνώσεις αὐτῶν ἀκύρους ποιοῦμεν.*

[3] So Mitteis, Sav. Z. Bd. 22 S. 119; Pflüger l. c. S. 70ff., insbes. 71 mit teilweise von Mitteis abweichender Begründung; Pappulias l. c. S. 231.

[4] Dafür, daß bei der l. a. per manus iniectionem addictio erforderlich war, cf. statt aller Mitteis l. c. S. 108 zu Anm. 2 und Anm. 2, und Wlassak, Sav. Z. Bd. 25 S. 116.

sich entweder freiwillig in die Schuldknechtschaft begeben haben oder daß sie außergerichtlich, mittels eigenmächtigen Zugriffs der Gläubiger in Haft genommen worden sind. Hält man hiermit die Stellen zusammen, in denen von einem ἀπάγεσθαι[1] des Schuldners durch den Gläubiger und von ἀγώγιμοι[2] gesprochen wird, so darf man m. E. annehmen, daß der Schriftsteller auch, vielleicht sogar ausschließlich an die zuletzt genannte Alternative gedacht hat.

Wir sehen also: die ἀγώγιμοι bei Dionys sind Schuldner, die ohne vorgängiges Urteil (arg. V 69) dem außergerichtlichen, eigenmächtigen Zugriff der Gläubiger unterliegen.[3]

Vermag die hellenistische Exekutivurkunde ein derartiges Verfahren nach sich zu ziehen? Die alexandrinischen Verträge mahnen hier zur Vorsicht. Bei aller in diesen Fragen erforderlichen Zurückhaltung können wir aber jetzt für Ägypten mit einiger Sicherheit annehmen, daß die Exekutivurkunde zur eigenmächtigen, ohne behördliche Intervention stattfindenden Personalexekution nicht berechtigt, daß vielmehr der Gläubiger zum eigenmächtigen Vorgehen gegen den Schuldner nur auf Grund einer besonderen Vereinbarung, der nur innerhalb bestimmter Schranken zulässigen ἀγώγιμος-Klausel befugt ist. Dürfen wir dies verallgemeinern? Für das Exekutivverfahren im außerägyptischen hellenistischen Recht zur Zeit des Dionys sind wir lediglich auf allgemeine Erwägungen angewiesen. Ganz abgesehen aber davon, ob nicht vielleicht eine Vermutung für die Einheitlichkeit auch des hellenistischen Exekutionsrechts

---

[1] IV 9, VI 23, VI 26, VI 29, XVI 5.

[2] cf. S. 60 Anm. 1.

[3] Bezüglich der Ausgestaltung der Exekution sehen wir nur, daß nach Dionys VI 79 ein Arbeitszwang gegen die ἀγώγιμοι bestand. Wenn an mehreren Stellen (IV 11, V 69, VI 26) vom Verlust der ἐλευθερία gesprochen wird, so braucht hierunter, wie Pappulias l. c. S. 231 zu Anm. 66 betont, nicht der rechtliche Verlust der Freiheit verstanden zu werden.

spricht, müssen wir m. E. mit Rücksicht darauf, daß auch für das klassische griechische Recht die private Exekution gegen die Person des Schuldners auf Grund der καθάπερ ἐκ δίκης-Urkunde nicht bezeugt ist, diese um so mehr für die hier in Betracht kommende Epoche ablehnen, zumal wenn wir berücksichtigen, wie bei der Vermögensexekution die Entwicklung dahin ging, das eigenmächtige ἐνεχυράζειν des Gläubigers zurückzudrängen.[1]

Aus dem Gesagten folgt, daß ich Pflüger insofern nicht zuzustimmen vermag, als er annimmt, Dionys beschreibe die Personalexekution auf Grund der καθάπερ ἐκ δίκης-Klausel. Trotzdem scheint es mir möglich, daß der Weg, auf dem Pflüger den Widerspruch zwischen Livius und Dionys zu lösen versucht, zum Ziele führt. Und zwar dann, wenn wir annehmen dürften, daß dem Dionys ein Verfahren bekannt sein konnte, wie es uns jetzt die alexandrinischen Urkunden mit ἀγώγιμος-Klausel lehren. Denn mit diesem stimmt die Exekution gegen die nexi-ἀγώγιμοι in zwei wichtigen Punkten überein: sowohl in der Exekutionseinleitung wie darin, daß das ἀγώγιμον εἶναι auf Vertragsbestimmung[2] beruht. Haben wir irgendwelchen Anhalt dafür, daß in der Heimat des Dionys ein derartiges Verfahren bestand? Wenn die alexandrinischen ἀγώγιμοι die obaerarii Varro's wären, könnten wir diese Frage mit Wahrscheinlichkeit bejahen. Denn nicht nur für Ägypten bezeugt Varro die Existenz dieser obaerarii, sondern gerade auch für die Provinz Asia, und es ist gewiß sehr wohl möglich, daß in diesen beiden Rechtsgebieten das Verfahren gegen die obaerarii das gleiche war. Dionys, der vom altrömischen nexum kaum eine klare Vorstellung haben konnte,

[1] Hitzig, Sav. Z. Bd. 26 S. 440f.; Zeitschrift f. vergl. Rechtswissenschaft Bd. 19 S. 27; Rabel, Verfügungsbeschränkungen S. 74.

[2] Dionys VI 37; oben S. 59.

würde dann bei seiner Darstellung der Exekution gegen die nexi das Verfahren schildern, das ihm aus dem Recht seiner Heimat als eine besonders strenge Form der Personalexekution bekannt war.

Wären also unter den ägyptischen obaerarii die ἀγώγιμοι der alexandrinischen Urkunden zu verstehen, so könnte den Stellen, in denen Dionys von den nexi spricht, eine m. E. befriedigende Erklärung gegeben werden.

Ein Beweis dafür, daß die ἀγώγιμοι der συγχωρήσεις mit den Varronischen obaerarii identisch sind, kann und soll dies natürlich nicht sein. Nur das ist m. E. damit dargetan, daß es nahe liegt, die Frage nach dieser Identität aufzuwerfen.

§ 5. Ἀγώγιμοι und Nexi.

Wir haben zu Beginn unserer Untersuchung aus Varro de r. r. I. 17. 2 in Verbindung mit de l. l. VII 105 geschlossen, daß Varro die obaerarii den altrömischen nexi gleichstellt, mithin an eine Form der Personalexekution denkt, die nach dem zu seiner Zeit geltenden römischen Exekutionsrecht nicht zulässig war. Damit ist das Postulat gegeben, dem die Lösung unseres Problems genügen muß.

Um die Hypothese, daß die ἀγώγιμοι der συγχωρήσεις mit den Varronischen obaerarii zu identifizieren seien, auf ihre Haltbarkeit zu prüfen, haben wir also im folgenden das Moment, das bei diesem Lösungsversuch rein hypothetisch ist: die Zulässigkeit des Arbeitszwangs gegen die ἀγώγιμοι als vorhanden zu unterstellen und zu fragen: Ist unter dieser Voraussetzung die Exekution gegen die ἀγώγιμοι eine derartige, daß Varro sie mit der Schuldknechtschaft der nexi in Parallele stellen konnte? Die Dionysstellen, auf Grund derer wir zu unserer

Vermutung gelangten, haben wir hierbei naturgemäß außer Betracht zu lassen.

Wie gestaltet sich also unter der Prämisse des Arbeitszwangs die Exekution auf Grund der *ἀγώγιμος*-Klausel? Der *συνεχόμενος* ist in persönlicher Abhängigkeit vom Gläubiger, steht unter dessen Hausgewalt und ist ihm zur Leistung von Diensten verpflichtet. Also zweifellos ein Zustand, der sich eng mit dem berührt, in den sich die Schuldnerin in BGU. IV 1126 begibt. Und doch dürfte ein wesentlicher Unterschied zwischen diesen beiden Fällen zu konstatieren sein. Die operae im Falle BGU. IV 1126 treten nach dem Vertrag an die Stelle der Rückzahlung eines Darlehens, sie amortisieren die Schuld. Können wir aber auch den operae des *ἀγώγιμος* schuldtilgende Kraft zuschreiben?

Die Dauer des *συνέχεσθαι* wird in unseren *συγχωρήσεις* stets in der gleichen Weise bestimmt: die Schuldknechtschaft — als solche dürfen wir wohl das *συνέχεσθαι* unter der Voraussetzung des mit ihm verbundenen Arbeitszwangs bezeichnen — währt *μέχρι τοῦ ἐκτεῖσαι* (scil. die Summe) bzw. *μέχρι τοῦ ἐπιτελέσαι καὶ ἐκτεῖσαι*, wie es in einigen Urkunden heißt, wo der Schuldner nicht nur zur Zahlung einer Geldsumme, sondern daneben zur Vornahme bestimmter Handlungen verpflichtet ist.[1] Gerade diese letzteren Fälle scheinen mir von besonderem Interesse, denn wir können aus ihnen m. E. deutlich ersehen, daß das *συνέχεσθαι* als indirekte Exekution zu charakterisieren ist, insofern sein Zweck offenbar darin besteht, auf den Schuldner eine Pression zur Erfüllung auszuüben. Erst die reale solutio befreit den Schuldner.

---

[1] cf. BGU. IV 1117, 1118, 1119, 1121. In BGU. 1117 heißt es in Z. 31 f.: *μέχρι τοῦ ἐ[ξ]ọụδẹṿῆ[σαι] ḳạị ἐκτελέσαι καὶ ἐκτεῖσαι κτλ.* In BGU. IV 1121 findet sich gleichfalls neben *ἐπιτελέσαι* und *ἐκτεῖσαι* ein drittes Verbum, doch ist die Urkunde gerade an dieser Stelle defekt.

Da also nach unserer Hypothese der Gläubiger zur Verwertung der Arbeitskraft des in seiner Gewalt befindlichen Schuldners berechtigt ist, so müssen wir annehmen, daß der Ertrag der operae ihm allein zugute kommt. Die Schuldknechtschaft der *ἀγώγιμοι* wäre hiernach eine der Zinssatzung analoge.

Zu der hier angenommenen Ausgestaltung der Personalexekution auf Grund der *ἀγώγιμος*-Klausel bieten die Papyri eine wenigstens annähernde Parallele auf dem Gebiete der Sachhaftung in BGU. I 339 und Teb. II 390.[1]

Rabel[2] hat bereits darauf hingewiesen, daß diese beiden Urkunden unter den antichretischen Verträgen eine besondere Stellung einnehmen; sie sind von Kontrakten wie BGU. I 101 scharf zu scheiden. Der Unterschied ist klar: während in BGU. I 101 oder Lips. 10[3] dem Darlehensgeber sogleich bei Abschluß des Darlehensvertrags der Fruchtgenuß von den zur Antichrese gegebenen Grundstücken eingeräumt wird, handelt es sich in BGU. 339[4] und Teb. II 390 um eine eventuelle, erst bei Säumnis des Schuldners eintretende Antichrese. So heißt es in BGU. I 339 Z. 16ff:

ἐὰν [δὲ] μὴ ἀποδῶι,
[συ]νχωρεῖ Ἀ[τ]ρεὺς [γε]ωργῖν καὶ καρπίζεσθαι (scil. der Gläubiger)

---

1 Die subscriptio in Teb. II 390 ist mit der in BGU. III 853 zusammenzustellen. So auch Partsch l. c. S. 166 Anm. 3.

2 Die Verfügungsbeschränkungen des Verpfänders S. 40 Anm. 1. cf. ferner Frese l. c. S. 17; Weiss, Pfandrechtliche Untersuchungen I S. 23.

3 Die Antichrese tritt hier zu einem *ὑπάλλαγμα* hinzu. Zu dieser Urkunde neuestens Manigk, Sav. Z. Bd. 30 S. 282.

4 Zu dieser Urkunde auch Gradenwitz, Einführung in die Papyruskunde S. 115 f., der aber nicht berücksichtigt, daß in BGU. I 339 im Gegensatz zu Nr. 101 ein Rückzahlungstermin bestimmt ist (Anm. 2 auf S. 115).

[ἀφ'] ὧν γεωργῖ ὁ Ἀτρῆς περὶ Πατσῶντιν
[δ]ημοσίου ἐδάφους ἀρούρας τρῖς ἐν τοῖς
[. .]ωσι ἀντὶ τῶν τόκων [κα]ὶ ἡμιολίας
καὶ τῶν ὑ[πὲ]ρ αὐτῶν δημ[οσίων] μέχρι οὗ ἀπο-
δῶι τὸ ἀργύριον καὶ πυρόν, folgt die πρᾶξις κ. ἐ. δ.-Formel.

Das καρπίζεσθαι tritt hier also nur an die Stelle der Zahlung der Zinsen, der Vertragsstrafe und Steuern[1] und dauert fort, bis der Schuldner das Darlehen zurückerstattet. Hieraus folgt, daß ein etwaiger den Betrag der Zinsen usw. übersteigender Wert der Nutzungen auf die Kapitalschuld nicht angerechnet wird, diese also unvermindert fortbesteht. Daher kann diese Antichrese, abgesehen davon, daß sie den Gläubiger gegen Zinsverlust schützt, dazu dienen, auf den Schuldner einen Druck zur Rückzahlung auszuüben;[2] sie hätte dann insofern die Funktion eines vertragsmäßig vereinbarten indirekten Zwangsmittels. Und neben ihr wird dem Gläubiger — dies ist besonders zu betonen — die πρᾶξις καθάπερ ἐκ δίκης eingeräumt, die so wenig in den Vertrag hineinzupassen scheint, daß Rabel[3] sie als „Fremdkörper im Formular" bezeichnet. Eine Kumulierung der Antichrese und πρᾶξις erscheint ausgeschlossen; so wird man m. E. annehmen müssen, daß in diesen Fällen der Gläubiger die Wahl zwischen beiden haben soll, was dem von uns angenommenen Verhältnis zwischen der vertragsmäßigen und gesetzlichen Personalexekution[4] in den συγχωρήσεις entspräche.

Wiese nun diese Schuldknechtschaft der ἀγώγιμοι irgend-

---

[1] In Teb. II 390 nur an die Stelle der Zinsen. cf. Z. 23.

[2] So auch Gradenwitz l. c. S. 116. Weiss l. c.

[3] l. c.

[4] cf. oben S. 48. Bei der hier angenommenen Ausgestaltung des συνέχεσθαι hätte also der Gläubiger die Wahl zwischen Schuldknechtschaft und Schuldhaft. Eine Parallele hierzu bietet das lübische Recht. cf Rinteln, Schuldhaft und Einlager S. 85.

welche Berührungspunkte auf mit der der nexi? Inwieweit überhaupt ein Parallelismus zwischen obaerarii und nexi vom Standpunkt Varros aus in Frage kommen kann, wurde bereits oben S. 11 gesagt. Wir haben dort gesehen, daß bei der Zusammenstellung der obaerarii mit den nexi das tertium comparationis wohl nur darin zu finden ist, daß obaerarii, wie nexi in der Gewalt ihrer Gläubiger stehen und von diesen zu Dienstleistungen gezwungen werden können; dies allerdings, da Varro offenbar von einem für Rom antiquierten Institut spricht, in einer für das nexum charakteristischen, zu Varros Zeit in Rom nicht mehr zulässigen Form.

Bei dem Vergleich zwischen ἀγώγιμοι und nexi werden wir demgemäß ebensowenig Gewicht darauf legen, daß die Exekution gegen die ἀγώγιμοι ebenso wie die nexum-Schuldknechtschaft vertragsmäßige, von der gesetzlichen Exekution abweichende Vollstreckung ist, wie andererseits darauf, daß insofern ein Unterschied besteht, als die Schuldknechtschaft der nexi eine Milderung des gesetzlichen Exekutionsverfahrens darstellt, während die ἀγώγιμοι einer im Vergleich zur regulären πρᾶξις härteren Form der Personalexekution unterliegen. Ebenso ist es für uns völlig irrelevant, ob etwa die nexi im Gegensatz zu den ἀγώγιμοι in einem personenrechtlichen Gewaltverhältnis stehen, wie dies diejenigen Schriftsteller folgerecht annehmen müssen, die den die Schuldknechtschaft begründenden Vertrag in einer Selbstmanzipation des Schuldners sehen.[1] Daß das Gewaltverhältnis bei den nexi nach dieser Hypothese einen spezifisch juristischen Charakter an sich trägt, während es bei den ἀγώγιμοι nur als ein rein tatsächliches gedacht werden kann, darauf kann für unsere Frage nichts ankommen.

---

[1] Der Mitteisschen Lehre haben sich neuerdings angeschlossen: Thélohan l. c. S. 12; Perozzi, Istituzioni Bd. II S. 160.

Treten wir mit dieser m E. notwendigen Beschränkung an unsere Frage, ob bei der hier angenommenen Ausgestaltung die Exekution auf Grund der *ἀγώγιμος*-Klausel eine Zusammenstellung mit der gegen die nexi verträgt, heran, so werden wir sie, glaube ich, bejahen dürfen und zwar auf Grund eines Moments, das m. E. der Exekution gegen nexi und *ἀγώγιμοι* gemeinsam ist, und das beide Fälle der Schuldknechtschaft von der nachpoetelischen Personalexekution scheidet.

Die Vollstreckung gegen die *ἀγώγιμοι* haben wir als indirekte Exekution charakterisiert: der Arbeitsertrag tilgt nicht die Schuld, sondern kommt dem Gläubiger zugute. Darf das gleiche für die Schuldknechtschaft der nexi angenommen werden? Es ist bereits oben[1] gesagt worden, daß auch dieser für die Erkenntnis der altrömischen Schuldknechtschaft so wichtige Punkt bestritten ist, doch kann gerade er m. E. noch am ehesten von den vielen Fragen des nexum-Problems wenigstens mit einiger Wahrscheinlichkeit aufgeklärt werden.

Varro fährt in de l. l. VII 105 nach der Definition des nexus fort:

Hoc (= dare operas in servitutem pro pecunia) C. Poetelio Libone Visolo[2] dictatore sublatum ne fieret.

Nach Varros Bericht hat also die lex Poetelia das dare operas in servitutem pro pecunia, den Vertrag, durch den sich der Schuldner zum nexus machte, verboten. Varro betrachtet daher den Abschluß eines derartigen Vertrags als zu seiner Zeit nicht mehr zulässig.

Bei der Besprechung von BGU. IV 1126 haben wir zu der Frage Stellung nehmen müssen, ob auch nach der lex Poetelia ein Vertrag möglich war, durch den sich der Schuldner zur

[1] cf. S. 12, 13.

[2] Über die Lesung: Mommsen, Sav. Z. 23 S. 354 Anm. 3. cf. aber auch Pais, Storia di Roma I pars II S. 283 Anm. 1.

Abarbeitung seiner Schuld verpflichtete. Wir haben die Frage bejaht. Hätte nun, wie die große Mehrzahl der Schriftsteller annimmt, die Schuldknechtschaft der nexi nur in dem Zwang zum Abarbeiten der Schuld bestanden, hätte also VARRO mit dem dare operas in servitutem an ein Rechtsgeschäft gedacht, das für den Schuldner lediglich die Verpflichtung mit sich brachte, dem Gläubiger unter Zugrundelegung irgendwelcher Tarifierung als Äquivalent für die Schuld operae zu leisten, eine Verpflichtung, wie sie unserer Ansicht nach auch noch zu seiner Zeit begründet werden konnte, so hätte er wohl nicht schreiben können: hoc sublatum ne fieret. Man kann hiergegen nicht einwenden, VARRO spreche nur von der Abschaffung eines in bestimmter Form, etwa per aes et libram abgeschlossenen Kontrakts, denn diesen als dare operas in servitutem bezeichneten Vertrag, der durch die lex Poetelia beseitigt worden ist, charakterisiert er eben durch diese Bezeichnung nicht etwa nach seiner Form, sondern nach seinem Inhalt bzw. seiner Wirkung.[1, 2]

Dies findet m. E. seine Bestätigung in der Ausdrucksweise VARROS selbst. Er spricht ja nicht von einem operas dare pro pecunia schlechthin, sondern von einem operas in servitutem dare. Daß servitus hier nicht etwa die iusta servitus, sondern einen rein faktischen Zustand bedeutet, ist m. W. unbestritten.[3]

---

[1] Nach seiner Wirkung dann, wenn das nexum inire in der Selbstmancipation bestand.

[2] Die obige Erwägung spricht m. E. entscheidend gegen die Ansicht SENNS l. c. S. 75f., unter dem dare operas in servitutem sei eine stipulatio operarum zu verstehen. Ihm hat sich neuestens DESSERTEAUX, Études sur la formation historique de la capitis deminutio Bd. I S. 126 Anm. 6 angeschlossen. Gegen SENN auch THÉLOHAN l. c. S. 18.

[3] Beispielsweise seien zitiert: SCHEURL, Vom Nexum S. 58; BACHOFEN, Nexum S. 34.

Über die analoge Verwendung von libertas cf. z. B. DESSERTEAUX l. c. S. 178 ff. Daß im ältesten Recht der nexus Sklave des Gläubigers

Was aber ist mit diesem Zusatz gemeint? Doch nur, daß der nexus servi loco ist, daß seine operae sklavenmäßige, in die Willkür des Gläubigers gestellte sind, ein Umstand, der mir gegen die Tilgung der Schuld durch die operae zu sprechen scheint. Auch KRETSCHMAR kommt zu diesem Ergebnis, wenn er auch von einer Schuldtilgung durch Abarbeitung spricht.[1] Denn wenn er aus dem sklavenmäßigen Charakter der operae folgert,[2] daß die Veranschlagung der Dienste im Belieben des Gläubigers steht, und daß es folglich ihm überlassen ist, wann er die Schuld als getilgt betrachten will, so ist es dann tatsächlich nur die reale Erfüllung, die der Schuldknechtschaft notwendig ein Ende setzt. Aber man kann dann m. E. kaum mehr sagen, daß das nexum inire, operas in servitutem dare eine Vereinbarung der Schuldabarbeitung enthält, denn nicht, daß der Gläubiger die Arbeitsleistungen, wann und wie er will, auf seine Forderung anrechnen kann, sondern daß er sie in bestimmter Weise zur Anrechnung bringen muß, macht das Wesen des Abarbeitungsvertrags aus.

SCHEURL[3] und BACHOFEN,[4] wie neuerdings PFLÜGER[5] verweisen ferner auf das dum solveret der Varronischen Definition. Daß aus diesen Worten die Tilgung der Schuld durch die operae gefolgert werden müsse, wird niemand behaupten. An sich sind sie zweideutig,[6] aber ihre natürlichste und m. E. im

war, wird von mehreren Schriftstellern angenommen; z. B. von BONFANTE, Istituzioni[4] S. 404, der die HUSCHKEsche Lehre vertritt (cf. auch Storia del dir. rom.[2] S. 223), und PEROZZI, Istituzioni Bd. II S. 159, 160. Zu dieser Frage neuestens BEKKER, Sav. Z. Bd. 30 S. 36.

[1] cf. l. c. z. B. S. 246, 259, 266.

[2] l. c. S. 267.

[3] l. c. S. 52.

[4] l. c. S. 81.

[5] l. c. S. 99, 101 f.

[6] MITTEIS, Sav. Z. 22 S. 121 letzter Absatz. cf. auch THÉLOHAN l. c. S. 27.

Hinblick auf das in servitutem operas dare nächstliegende Erklärung ist doch wohl die, daß mit ihnen die reale Erfüllung als Endpunkt der Schuldknechtschaft bezeichnet wird.[1] Das dum solveret entspricht hiernach dem *μέχρι τοῦ ἐκτεῖσαι* unserer *συγχωρήσεις*.

Endlich kommt hinzu die Analogie zu der Rechtslage des ab hostibus redemptus. Freilich wäre es verfehlt, ohne weiteres die uns in der Justinianischen Kompilation entgegentretende Ausgestaltung der redemptio zum Vergleiche heranzuziehen,[2] denn es ist bei einem Rechtsinstitut, das wie das hier in Frage stehende bereits dem ältesten Rechtsbestande angehört,[3] von vornherein nicht gerade wahrscheinlich, daß die Justinianische Erscheinungsform mit der ursprünglichen völlig übereinstimmt. In der Kompilation wird dem redemptor ein ius pignoris an der Person des redemptus zugeschrieben.[4] Das Anormale dieses Pfandrechts oder wie es in Cod. 8, 50 (51), 2 § 1 genannt wird, velut naturalis pignoris vinculum, ist oft betont worden,[5] aber erst vor wenigen Jahren hat man versucht, die von ihm handelnden Stellen als interpoliert nachzuweisen.[6] Bei aller in

---

[1] So Scheurl, Bachofen, Pflüger l. c. Nicht ganz konsequent Scheurl: hierüber Bachofen S. 80 Anm. 103. Die gleiche Gestaltung der nexum-Schuldknechtschaft nehmen an: Rein, Das Privatrecht und der Zivilprozeß der Römer (1858) S. 654 f., der aber an exekutorische Schuldknechtschaft denkt; ferner Schulin, Lehrbuch der Geschichte d. röm. Rechts S. 386 und Roby, Roman Private Law Bd. II S. 309. Die überwiegende Zahl der Schriftsteller steht auf dem Standpunkt, daß die operae des nexus die Schuld amortisieren. Zitate sind wohl nicht erforderlich: cf. z. B. neuestens Bekker, Sav. Z. Bd. 30 S. 32.

[2] Unzutreffend daher m. E. Thélohan l. c. S. 27 zu Anm. 3 und Anm. 3.

[3] Mommsen, Gesammelte Schriften Bd. III S. 9. Naber, Mnemosyne Bd. 31 S. 214.

[4] cf. Dig. 49, 15, 15; 11 § 9; 21 pr.; 30, 43 § 3. Cod. 8, 50, 2 pr; 8; 11; 13.

[5] Literatur bei Pampaloni, cf. nächste Anmerkung.

[6] Pampaloni im Bull. dell' ist. di dir. rom. Bd. XVII S. 123—138.

diesen Dingen gebotenen Vorsicht wird man m. E. nach den Ausführungen PAMPALONIS annehmen dürfen, daß dieses ius pignoris eine Schöpfung der Kompilatoren ist[1] und daß ursprünglich die redemptio ein personenrechtliches Herrschaftsrecht des redemptor über den redemptus erzeugte, mag dieses nun die causa mancipii[2] oder ein ihr verwandtes Verhältnis[3] gewesen sein. Und das Erlöschen des Rechts des redemptor hatte die Zahlung des Lösegelds zur Voraussetzung.[4] War der redemptus zur Abarbeitung berechtigt? Für die Zeit der klassischen Juristen mag man dies annehmen;[5] ältestes Recht war dies aber gewiß bei der redemptio so wenig, wie bei der noxae deditio des filius familias.[6] Es ist daher m. E. PAMPALONI

---

[1] So PAMPALONI l. c. Zustimmend BONFANTE, Istituzioni[4] S. 160 Anm. 1; PACCHIONI, Corso di dir. rom. Bd. II S. 40. Ebenso PEROZZI, Istituzioni Bd. I S. 202 ff.

[2] So die in Anm. 1 Genannten. cf. ferner VOIGT, Römische Rechtsgeschichte Bd. II S. 466.

[3] So z. B. DERNBURG, Pfandrecht Bd. I S. 247 Anm. 22.

[4] Eine Obligation des redemptus, gerichtet auf Zahlung der Loskaufsumme, besteht m. E. nicht. cf. BACHOFEN, Pfandrecht S. 275; KOHLER, Pfandrechtliche Forschungen S. 50, 351, 352; PAMPALONI l. c. S. 126 Anm. 18; 133 zu Dig. 49, 15, 15 (von nisi forte ab aller Wahrscheinlichkeit nach interpoliert); a. A. MANIGK, Pfandrechtliche Untersuchungen Heft 1 S. 23 Anm. 3; PFLÜGER l. c. S. 53 (das reddere debet in der hier neben der l. 15 zitierten l. 19 § 9 Dig. h. t. ist m. E. keine genügende Grundlage für die Annahme einer obligatio); KRETZSCHMAR l. c. S. 258 Anm. 1. Nach der hier vertretenen Auffassung ist die Zahlung des Lösegelds nicht Erfüllung einer Schuld, sondern lediglich Voraussetzung der Freilassung des redemptus aus dem Gewaltverhältnis. Warum, nebenbei bemerkt, die gleiche Gestaltung nicht auch bei der nexum-Schuldknechtschaft denkbar sein soll, warum hier, wie KRETSCHMAR S. 258 behauptet, die Herrschaft des Gläubigers über den Schuldner schon der Idee nach abhängig vom Bestande der Schuld gewesen sein soll — cf. auch S. 259 zu Anm. 1 — vermag ich nicht einzusehen.

[5] PAMPALONI l. c. S. 128 zu Anm. 22; PEROZZI l. c.

[6] ZIMMERN, Geschichte des röm. Privatrechts Bd. I S. 702 Anm. 24 GIRARD, Nouvelle revue historique du droit fr. et étr. Bd. 11 S. 439; KARLOWA,

beizutreten, wenn er die Schuldknechtschaft[1] des redemptus in ihrer ursprünglichen Gestalt charakterisiert als „un rapporto per cui il redentore poteva ritrarre dal servizio, dalle opere e dagli acquisti del riscattato assai più di quello che aveva dato o pagato“.[2]

Dem analog wird man sich die Schuldknechtschaft der nexi denken dürfen. Fortdauernd, bis solutio, reale Erfüllung erfolgt, wäre sie hiernach indirekte Exekution,[3] zu vergleichen der durch Selbstverpfändung begründeten Schuldknechtschaft des fränkischen Rechts.[4]

Dann aber ist die Übereinstimmung der Exekution gegen die *ἀγώγιμοι* mit der gegen die nexi in dem für uns in Betracht kommenden Punkte evident und vermag m. E. zu erklären, warum Varro, wie hier zu unterstellen ist, diese *ἀγώγιμοι* als obaerarii bzw. obaerati bezeichnete, als Schuldknechte, die das Exekutionsrecht seiner Zeit nicht mehr kannte.

Nur nebenbei sei noch bemerkt, daß die Übereinstimmung zwischen nexi und *ἀγώγιμοι* weiterginge und sich auch auf die Exekutionseinleitung erstrecken würde, wenn man mit Mitteis das nexum inire, se nexum dare des Schuldners als Selbstmanzipation auffaßt. Denn dann ist auch der nexus *παραχρῆμα ἀγώγιμος*. Nicht etwa in dem Sinne, daß der nexus, wie die einst herrschende Lehre wollte, ohne Urteil der legis

Röm. Rechtsgeschichte Bd. II S. 241. cf. auch Mandry, Familiengüterrecht Bd. II S. 617.

[1] Als solche bezeichnet die Rechtslage des redemptus Mommsen, Ges. Schriften Bd. III S. 8.

[2] l. c. S. 128.

[3] Dasselbe ist m. E. zu sagen von der Schuldknechtschaft des *κατακείμενος*. Daß Col. VI Z. 12 f. *ἢ κ'ἀποδῶι τὸ ὀπήλωμα* eher gegen das Abarbeiten der Schuld spricht, hat Swoboda l. c. S. 52 Anm. 4 mit Recht bemerkt. Zweifelnd Pappulias l. c. S. 25 unter III.

[4] Brunner, Deutsche Rechtsgeschichte Bd. II S. 443; Schupfer, Il diritto privato dei popoli germanici Bd. III (1909) S. 256.

actio per manus iniectionem unterliegt. Wohl aber insofern, als der Gläubiger kraft seines durch die Manzipation erlangten Herrschaftsrechts sich der Person des in causa mancipii befindlichen nexus, wie eines entlaufenen Sklaven, außergerichtlich im Wege der Selbsthilfe bemächtigen kann.[1] Zur Geltendmachung des dem Gläubiger zustehenden Rechts im Wege der legis actio sacramento in rem könnte es wohl nur dann kommen, wenn ein Dritter den nexus dem Zugriff des Gläubigers vorenthielte.[2]

Das Gesagte wird genügen, um die Behauptung zu rechtfertigen, daß die von uns als möglich bezeichnete Lösung unseres Problems, zu der wir gelangten, indem wir die Exekution auf Grund der *ἀγώγιμος*-Klausel mit dem bei Dionys gegen die *ἀγώγιμοι* geschilderten Verfahren verglichen, die Gleichung nexi = obaerarii befriedigt. Daß also unsere Hypothese beim heutigen Quellenstande nicht willkürlich ist, dürfte bewiesen sein. Ob sie zutrifft, mögen die Papyri bald entscheiden.

[1] Mitteis, Sav. Z. Bd. 22 S. 123; Mommsen, Sav. Z. Bd. 23 S. 351. cf. auch Zimmern, Geschichte des röm. Privatrechts Bd. III S. 122.

[2] Mitteis l. c. S. 124.

Urkundenregister.

(Die großen Ziffern bedeuten die Seiten, die kleinen die Anmerkungen.)

FSC
www.fsc.org
MIX
Papier | Fördert
gute Waldnutzung
FSC® C083411

Kolibri 360 GmbH
Ferdinand-Jühlke-Straße 7
99095 Erfurt, Deutschland
produktsicherheit@kolibri360.de